新会社法から企業動向まで
60分で誰でもわかる!

三角合併と業界再編

清丸恵三郎
佐藤孝幸 監修
三角合併ビジネス研究会 著

三角合併って
いったい
なんだ!?

自分の会社は
大丈夫!?

合併間近で
株の取引!
今から覚えても
遅くない!

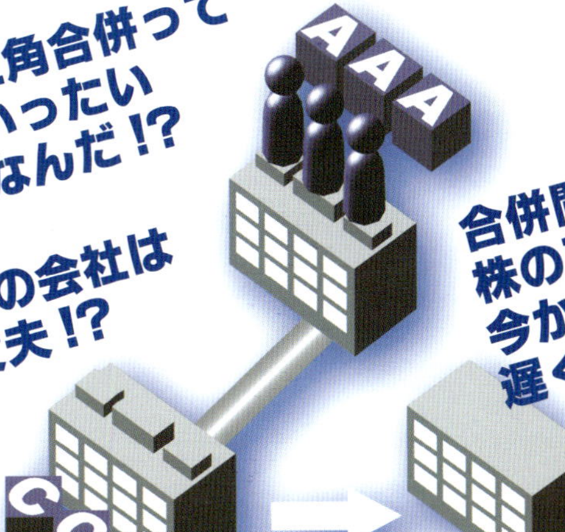

ブックマン社

外国企業による買収は恐怖!?

ついに解禁！三角合併

ライブドア事件より1年、ついに三角合併が解禁される。果たして各業界に激震は起こるのだろうか!?

06年の12月、日清食品と明星食品の経営統合をはじめ、大手企業の合併が目立ったことは記憶に新しい。金融・保険業界の合併だけではなく、各界大手が経営統合を進めている。こうした背景にあるのが5月に解禁される「三角合併」だ。これが解禁されると、外国企業が株式交換で日本企業を買収できるようになってしまうのだ。元来、99年に国内企業同士のM&Aに限り、株式交換による買収は解禁されていた。この手法、株の交換で成立するので、現金がなくても簡単にできる。いい換えれば、株式の時価総額が大きい企業ほど、小さな企業を飲み込めるといった図式だ。解禁されたとなれば、時価総額の低い日本企業は、吸収されてしまう可能性もある。

1年間保留されたこの「三角合併」だが、この期間中に法的整備も行われてきたようだ。それは、この合併成立には株主の3分の2以上の同意が必要ということ。つまり、過半数以上の株を取得しない限り、株主総会の議題にあがる可能性すらなくなる。実際はなかなか成立しないだろうというのが清丸恵三郎氏（元プレジデント編集長）の見方だ。

「ただ、特許を持っていて、株価が安い会社などは狙われるのではないだろうか」と同氏がいうように、国内企業はふんどしを締めて世界を見直す時期にさしかかったといっても過言ではないだろう。

業界再編がキーワードか!?

「三角合併」を目前に控え、時価総額の低い日本企業では、大手同士の合併が目立ってきている。世界経済において、国内の企業はその市場自体が小さいため、海外資本の大手に負けないための策ともいえる。

ただ、こうした動きの中には、株価の時価総額において、外国企業に対抗しようといった目論みがあることも確かだろう。特許や日本市場において強い販路を持つ企業など、外国企業に狙われそうなところは今後もさかんに合併する可能性がある。

この「三角合併」の解禁、国内経済界において業界再編を刺激するキーワードになってきそうだ。

あなたの
会社が
狙われて
いるかも!?

日本企業を取り囲む［外国資本］

外国企業の三角合併解禁を目前にして、いったいどのような予兆が日本経済界に起こるのだろうか

そもそも、三角合併が解禁になる前にはTOBといった敵対的な株式公開買い付けでの動きが目立ったのが企業合併だ。こうした動きを操作しているのは、最近では06年10月に明星食品にスティールパートナーズ(アメリカ)が仕掛けたTOBが記憶に新しい。最終的には明星食品への敵対的TOBは、同社の対抗的TOBによって失敗に終わっているが、高値で株を売って利益を得たりする「アクティビスト(活動家)ファンド」はこれからも起こりうるだろう。日本の投資家は、海外のファンドからも目が離せないことになってくる。

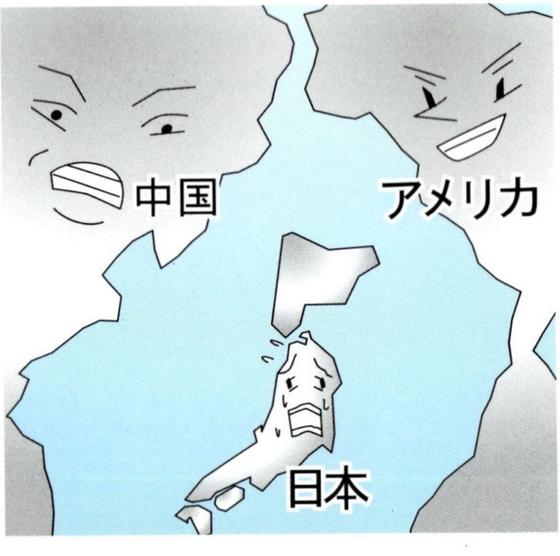

究極の買収防衛策は企業価値を高めること

監修者 **佐藤孝幸**

1年間施行が先送りにされていた三角合併が、07年5月から解禁される。巨大な株式時価総額をもつ外国企業に、わが社を乗っ取られるのではないかという危惧を抱く経営者も多く、企業の側でも、買収防衛策の導入、株式の持ち合いなどさまざまな手を打ちつつある。こうした動きは、特に世界規模での業界再編の渦中にある鉄鋼業界などで顕著である。

しかし、株式を上場している以上、根本的に企業経営者の方で株主を選ぶことはできない。この意味で、企業が導入を進めている、いわゆる事前警告型の買収防衛策などは、経営者が株主を選ぶ際の方針を定めるというものであるから、自ずと限界がある。

つまるところ、究極の買収防衛策は、経営者が企業価値を高める努力を継続する以外にはない。利益を上げて配当を増やし、余剰資金が出れば自社株買いを行うことで、リスクマネーを提供した株主への投資に報いることが肝要である。こうした株主の利益を重視した経営方針をとることで、普段から一般株主の信認をとりつけておき、外国企業や投資ファンドから敵対的買収提案があった際には、一般株主に買収案に反対してもらうというインセンティヴを与えておくしかないのである。

Contents

第1章

サラリーマンでも知っておこう（会社法）

新会社法とは何か？

今まで「会社法」という法律はなかった!

06年5月1日より、会社法という法律が施行された。これは、最近の国際化が加速している社会経済情勢の変化への対応等の観点から、会社にかかわる各種制度のあり方について、体系的かつ抜本的な見直しを行う過程でつくられたもので、最低資本金制度、機関設計、合併等の組織再編行為等について定められている。

この法律は、「新会社法」といわれているが、実はいままでは「会社法」という名前の法律はなかったのだ。商法や商法の特例に関する法律などを俗に「会社法」と呼んでいたのである。それと区別するために、「新会社法」といわれているのだ。利用者の視点に立った規律の見直しをはかるために、会社法はつくられた。商法第2編、有限会社法、株式の監査等に関する商法の特例に関する法律等の各規定を、現代的な表記に改めた上で、わかりやすく再編成されている。

起業を簡単にするということが、この会社法の大きな特徴だ。そのため、これまでの商法よりも理解しやすく、より身近な法律になっている。新しい時代に適応するための法律といえるだろう。

会社法の要点

1. 利用者の視点に立った規律の見直し
2. 会社経営の機動性・柔軟性の向上
3. 会社経営の健全性の確保

コレでわかる新会社法　会社法の4大ポイント

1　条文がカタカナからひらがなにかわった

現在の商法は100年以上も前につくられたもので、カタカナ文語体で表記されている。これは非常に読みにくく、理解しにくいので、ひらがなを使用し、口語体を採用した。

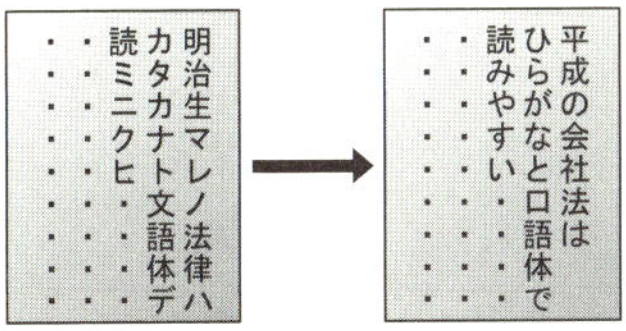

明治生マレノ法律ハ
カタカナ文語体デ
読ミニクヒ・・・
平成の会社法は
ひらがなと口語体で
読みやすい・・・

2　経済の活性化を目指し起業を簡単にする

「いざなぎ景気越え」といわれているものの、好景気を実感しにくいのが現状だ。成長が止まったように見える日本経済を復活させるため、起業しやすい条件になっている。

3　国際化に対応するためにM&Aを柔軟にする

日本の経済は国際的になった。世界の大企業と対等に戦うには、積極的に組織を再編していかなくてはならない。そのため合併や買収、資本提携を含むM&Aを柔軟にしている。

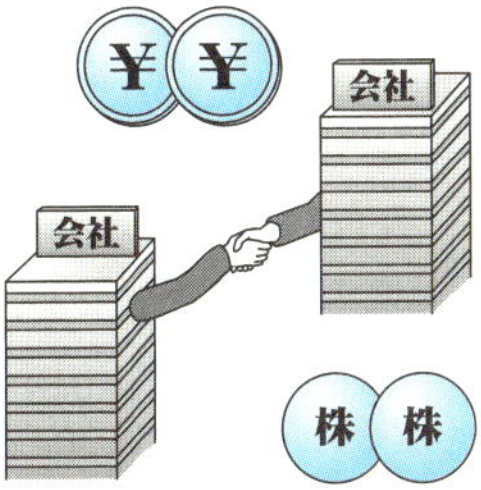

¥
¥
会社
会社
株
株

4　合同会社、LLP、会計参与の新設

経済社会の変化とともに、企業のあり方も変化している。そのため、時代のニーズに合った会社の組織形態が求められており、この3つが新設されることになった。

合同会社

新会社法で何が変わるの?

今までの商法は規制の意味合いが強かったが、多くの点について規制緩和的な改正が盛り込まれており、自由度が高まっている。これは、企業経営の経済競争力をつけることが要となっているためだ。会社に関する従来の法律を、現代のビジネス環境に対応させた改正になっている。条文の数は1000条近くあるが、知っておくポイントは多くはない。要点をふまえて理解すれば、新会社法の概要がつかめるだろう。

Point 1 有限会社の廃止

新会社法では、有限会社がなくなり、株式会社にまとめられる。そのため、新たに有限会社を設立することはできない。

従来の有限会社は、資本金はそのままで株式会社に移行することができる。その際、商号変更の手続き、有限会社の解散登記、株式会社の設立登記をしなくてはならない。株式会社に移行すると、有限会社特有の制度は効力がなくなるので注意が必要である。

有限会社として会社を存続することも可能だ。その場合、法律上の規定は株式会社の規定が使われるが、役員の任期がない等、有限会社特有の制度は経過措置により特別に認められる。この経過措置に期限はない。

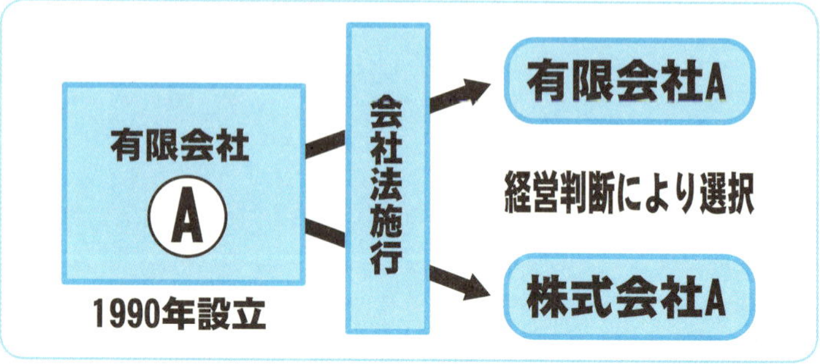

Point 2 1円起業が可能

最低の資本金という規制が撤廃されたため、1円から起業できる。従来の法律でも1円起業は可能だったが、これは特例措置である。株式会社設立後、5年以内に資本金が1000万円以上にならなかった場合、組織変更または会社を解散しなくてはならなかったのだ。

しかし、新会社法では期限はない。施行前に1円起業した会社も、株主総会等でこの解散事由を定款から削除することを決議し、登記簿謄本からも削除するよう登記申請すればよい。

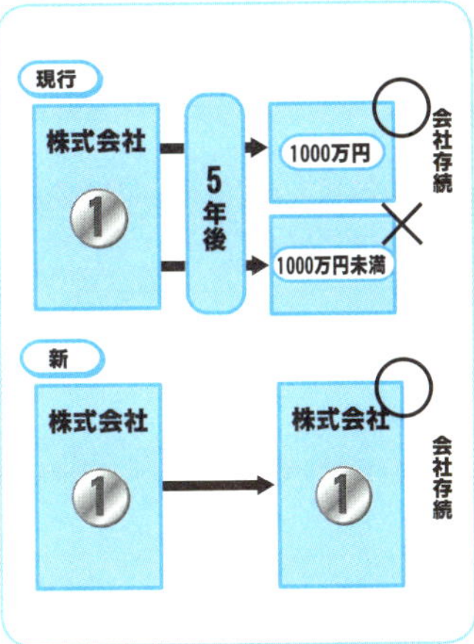

Point 3 取締役は1人でOK

従来の株式会社では、取締役会を設け、取締役を3人以上、監査役を1人以上選ばなければならなかった。しかし、これからは取締役の人数、取締役会の有無など、会社の機関を一定のルールに基づき自由に決めることができる。取締役会を設けない場合、取締役は1人でもOKなのだ。また、監査役は不要になるため、役員報酬などの経費を削減することができる。

役員の任期も変更になった。株式非公開会社の場合、取締役、監査役ともに10年以内で自由に設定できる。

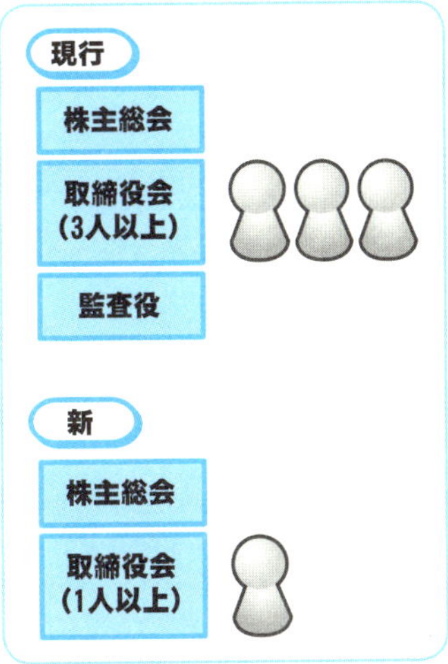

合同会社とLLPの違い

新会社法でつくれる新たな会社形態

新会社法では、合同会社という新しい会社形態が誕生した。欧米でよくみられる会社形態であるが、日本の合同会社にはパススルー課税の適用はない。

合同会社は、出資者1名からでも設立することができる。合名会社にも似ているが、合名会社は出資者が会社の債務に対して無制限・無条件に責任を負うのに対し、合同会社は、株式会社と同様に出資の範囲内で責任をとる、有限責任の会社なのだ。

出資については財産のみ認められており、信用出資や労務出資は認められていない。この点は株式会社と同様である。ほかにも、法人格を有し、社員が有限責任である点など、株式会社にも似たところがあるが、会社内部の組織など、様々な違いがある。

例えば、社内の組織編成についても、自由に定款で定められる。自分たちでルールを決め、株式会社に比べ規律が少なく、社員の権利内容などが出資比率に拘束されないなど、自由度が高いところも合同会社の特徴といえる。

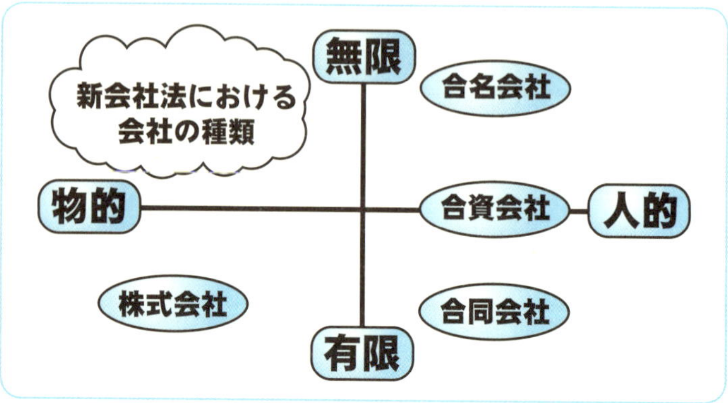

LLPとは何か?

新会社法では、さらに新しい組織が誕生している。LLP(有限責任事業組合)というもので、創業を促し、企業同士のジョイント・ベンチャーや専門的な能力を持つ人材の共同事業を振興するために創設された。

合同会社に似た体系ではあるが、会社（法人）ではない。そのため、LLPにはパススルー課税が適用される。

日本には、組合という制度が認められていたが、その延長線上にできた制度といえるだろう。組合が無限責任だったのに対し、LLPは有限責任だ。ただし、有限責任の条件として、法務局に登記し、決算書を作成しなくてはならない。

これでわかるLLP

●出資者＝執行者

株式会社では、出資者と執行者がわかれているが、LLPは出資者＝執行者である。そのため出資者は経営に参加しなくてはならない。

●有限責任

LLPは有限責任制なので、出資者は出資額以上の責任を負う必要がない。この点については、株式会社と同様である。

●構成員課税(パススルー課税)

LLPには法人税が課せられない。利益配分があった場合、出資者に直接課税される。企業間の共同事業にも適した形といえる。

●内部自治

合名会社、合資会社、合同会社と同様、出資額に関係なく利益の配分や権限などを自由に決めることができる。

事例研究　NTTドコモと日本テレビがLLPを共同設立

NTTドコモと日本テレビが、D.N.ドリームパートナーズというLLPを設立。ワンセグのデータ放送とiモードを連動させるなど、両社の得意分野をいかした新コンテンツ制作や投資を行う。このような大企業同士のLLPは今後さらに増えるだろう。

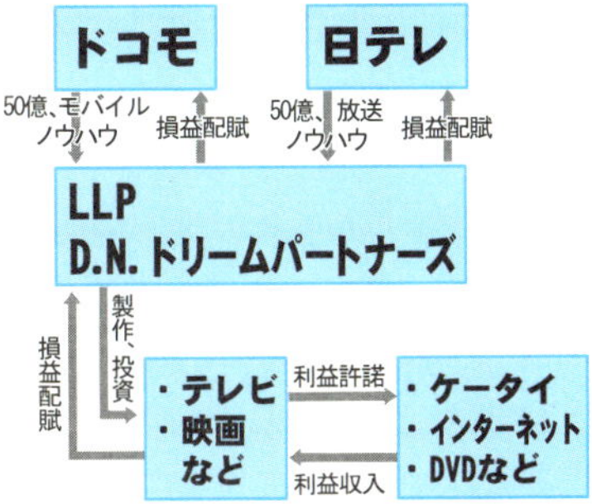

column 1

メリット・デメリットを理解する
「サラリーマン法人」とは?

良 法人化すれば年収UPも可能

サラリーマン法人とは、所属している会社との関係は残しながら、独立して法人化することだ。従業員から取引先にかわり、労働(雇用)契約から業務委託契約に、給与から報酬へと変化する。

法人化すれば自分の給与はもちろん、通信費なども会社経費として認められ、課税所得が軽減される。節税もできるので、収入は今より増えるだろう。

定年がないので、老後も仕事を継続可能だ。実力次第で業務拡大、高収入が期待でき、専門職のサラリーマン法人化が予測される。

悪 保障がなくなり責任が大きくなる

サラリーマン法人は、会社側にもメリットがある。社会保険料の負担がなくなり、人件費削減につながるからだ。そのため、雇用契約を解消されてしまうおそれもあり、望んでいないのにサラリーマン法人化せざるを得ない状況になるかもしれない。

雇用契約と異なり、突然契約を解消されることもあるだろう。安定収入が約束されていないという不安感はデメリットといえる。

業務管理や社会保険料の負担など、会社員と比べ、責任の範囲も大きくなる。独立志向でない人には不向きなシステムだ。

第2章

三角合併って
いったいなんだ!?

三角合併とは何か?

ついに解禁！ 新時代の企業合併とは?

三角合併とは、企業合併の方法のひとつで、吸収合併を行う際に使われる手法だ。親会社A が子会社B に対し、吸収される会社C の株主に対する合併対価として、親会社の株式を付与、その株式をC の株主に交付する。C はB に吸収されると同時に、C の株主はA の株主になるという仕組みで、この3 社の関係から三角合併と名づけられた。

組織再編の効率性、迅速性を高めるためには、三角合併などの合併対価の柔軟性は必要だ。しかし、三角合併により外資の敵対的買収が増え、日本企業を圧倒してしまうと懸念されている。現在の日本の株式市場は、回復の兆しがみえてきたとはいえ、回復途中の状態である。そのため、日本のトップ企業でも、外資系のトップ企業に比べると時価総額が低い。優れた技術を持ちながら、時価総額が低いことから、外資系企業にとって日本の株式市場は非常に魅力的なマーケットである。

三角合併は会社法で認められるはずだったが、ライブドアによるニッポン放送買収騒動などが影響し、1 年先送りになった。しかし07 年5月、三角合併がついに解禁されることになった。

今後は外資系企業による敵対的買収が増えるといわれているが、爆発的に増えることはないのでは、という声も聞かれる。三角合併には、当事者間で合併契約などの締結が必要だ。さらに吸収される会社の株主総会の特別決議が必要になる。友好的でない場合、議決権の3 分の2 以上の賛成を得ることは難しい。また、外資系企業が日本の株式市場に上場していないと、難しいともいわれている。ドル建ての株式を株主が受け取る場合、外国証券口座の開設が必要になるからだ。

課題は多いが三角合併が解禁されれば、外資系企業による日本の株式市場への参入、合併交渉が増えることは確実である。日本経済への影響など、今後の経済を理解するうえで重要なキーワードとなるだろう。

目で見る三角合併

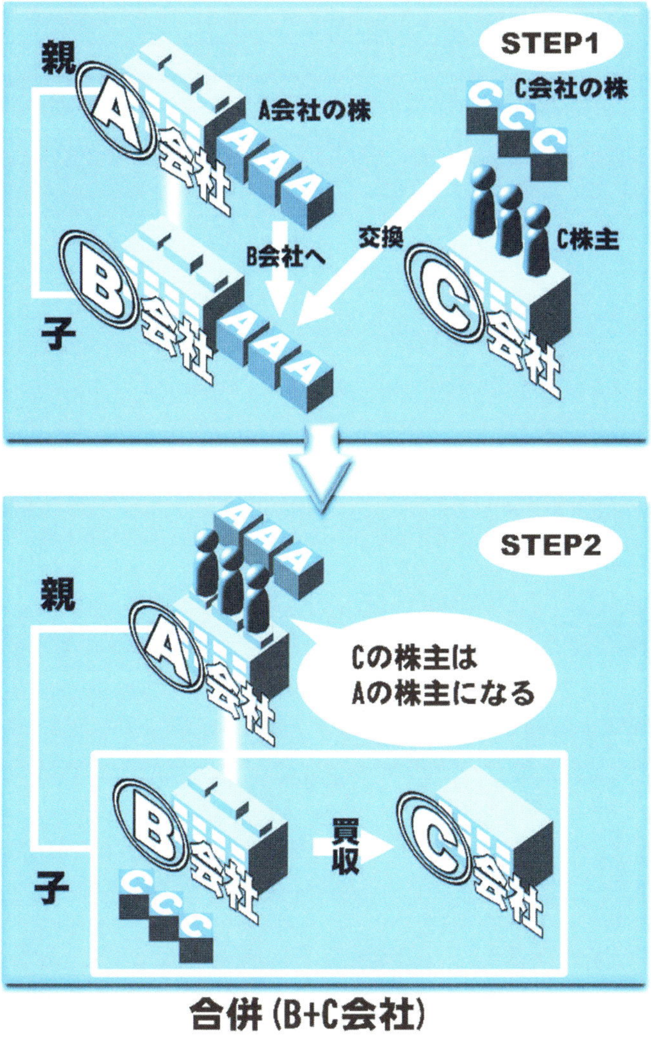
STEP1
親
A会社
A会社の株
B会社へ
子
B会社
交換
C会社の株
C株主
C会社
STEP2
親
A会社
Cの株主は
Aの株主になる
子
B会社
買収
C会社
合併（B+C会社）

M&Aの仕組みを知る

合併、買収により日本の経済界がかわる!

三角合併など、対価の柔軟化が解禁されると、M&A がさかんになることが予測される。M&A とは企業の合併・買収のことだが、一般的には事業譲渡や資本提携なども含めた幅広い意味で使われている。

M&A は、企業を買収する側、売却する側の双方にメリットがある。買収する側のメリットは、ひとつは会社規模・事業を拡大できることだ。同業他社を買収することにより、業界シェアを拡大することもできる。もうひとつの特徴として、経営の多角化があげられる。新規事業の立ち上げ時に採用される手法だ。一方、売却側のメリットは、合併による経営基盤の安定、売却資金の獲得があげられる。

会社法施行、対価の柔軟化の解禁といった経済情勢の著しい変化に伴い、生き残りをかけてM&A に乗り出す企業も増えるだろう。

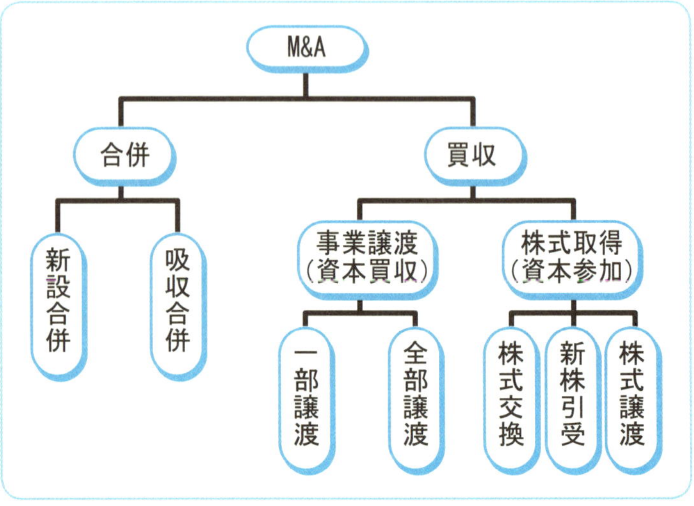

目で見るM&A 新しいM&Aのカタチ

●株式交換・完全子会社化

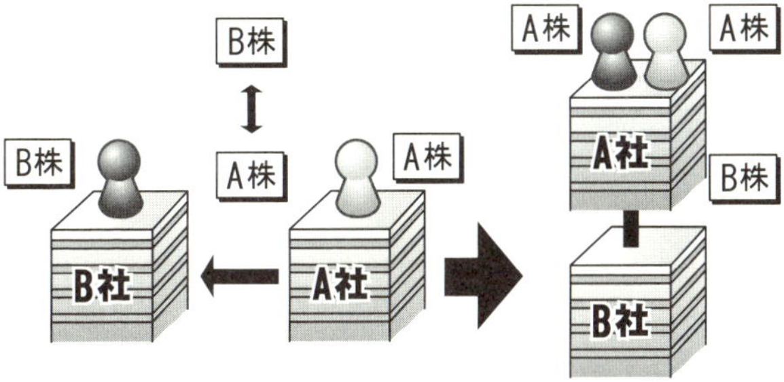

●株式移転・純粋持株会社化

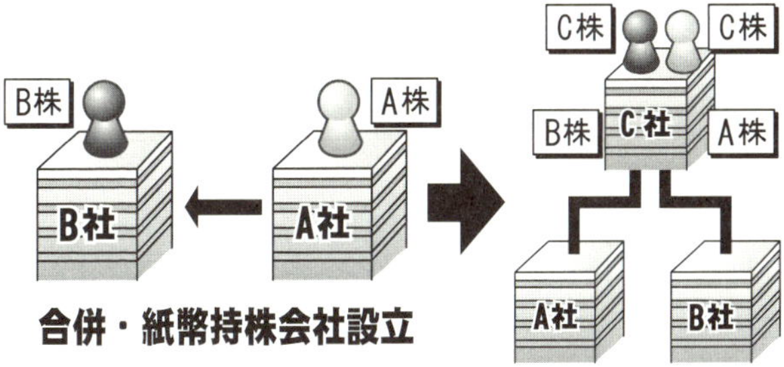

●対価の柔軟化

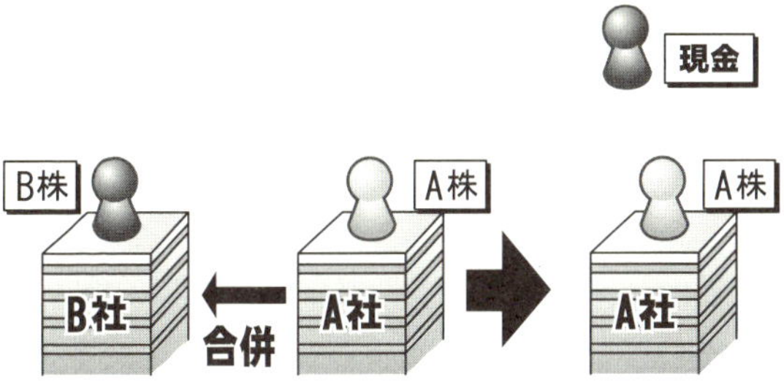

事例研究 1

ホリエモン事件

あのとき対価の柔軟化が
認められていたら……?

三角合併は日本人向きか?

いよいよ三角合併が解禁され、対価の柔軟化が認められるが、もっと前に認められていたら日本の経済界に変化はあったのだろうか。05年に問題となった「ホリエモン事件」を例に考えてみたい。

この事件は、ライブドアがニッポン放送の株式を買占め、敵対的買収を目論んだものである。放送事業は免許制なので、新たに申請をするよりも、放送局を手に入れたほうが時間も短縮できるからだ。さらに、グループ会社であるフジテレビも傘下に入れることができる。ライブドアにとって、ニッポン放送は非常に魅力的な会社だったに違いない。同じ頃、楽天や村上ファンドなど、買収工作の話題が多かったが、これは日本の法制度の空白をついたものといえる。会社法が施行される前に買収を済ませたかったのではないだろうか。

彼らの敵対的買収は、失敗に終わったようだが、対価の柔軟化が認められていたとしても、結果は同じだったと見られる。買収される側がOKしないと、買収は成立しづらいからだ。当時、ニッポン放送では社員一丸となって買収に反対していた。さらに、世論にも総スカン状態。資本主義社会では違法行為ではないものの、日本人の文化にない行為のため、嫌悪感が強まったのだと思われる。

このように、日本にはまだ三角合併を受け入れる土壌が整っていない。浸透するには時間がかかりそうだ。

事例研究 2

グリーンメーラー

株式を買い占めるのは
企業だけではない！

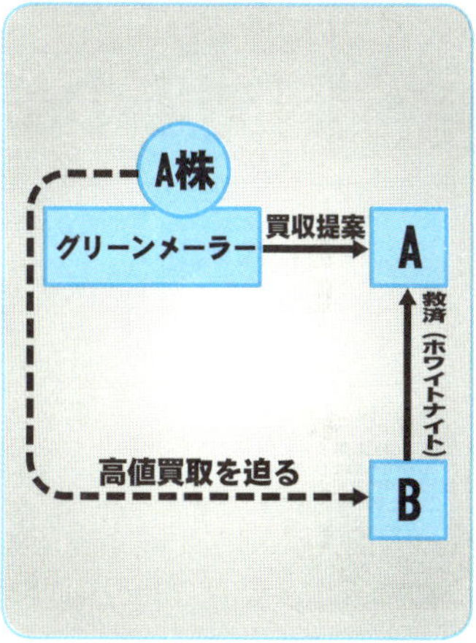

投資収益獲得や乗っ取りが目的

M&A を仕掛けるのは、買収する会社だけではない。グリーンメーラーの存在にも注目だ。

グリーンメーラーとは、標的とする会社の株式を買い集め、その会社や関係者に高値で買取を迫る買収者のこと。英語でゆすり、脅迫状を意味する「ブラックメール」と、ドル紙幣の色(緑色)をかけた表現といわれている。

同業の大手ライバル会社に買い取らせて子会社化させたり、それを防ぐために自社株を買い取らせることで、資金を回収し、さらに投資収益をあげているのだ。会社の経営そのものを乗っ取る目的で株式を集める場合もある。阪神電気鉄道の株式を買い集めた村上ファンドは、乗っ取りが目的ではなかったかといわれていた。

最近では外資ファンドによる動きも活発化している。米系ファンドのスティール・パートナーズ・ストラテジック・ファンドは、サッポロホールディングスに買収提案をしたが、具体的な経営方針を打ち出していないことから、グリーンメーラーではないのか、との声もある。この敵対的買収から救い出すホワイトナイトを呼び込み、保有株を売り渡すことで利益を確保することが真の目的では、との見解も強い。

対価の柔軟化が解禁されれば、さらに外資系ファンドが日本市場へ参入してくるだろう。その自衛策として資本提携など同業との連携が増えることが予測される。

column 2

ブッシュ政権の思惑?

「対価の柔軟化」の背景とは

郵政民営化に続き米国が狙っている?

日本の三角合併導入は、アメリカからの強い要望があったためではないか、といわれている。株式のみで企業買収ができ、資金繰りもいらないので、時価総額の高い日本企業でも買収しやすいからだ。

現在アメリカでは、投資ファンドなど、マネーメーキングが盛んだ。アメリカ国内の成長は止まりつつある。そのため、国外に目を向けると、円安下の日本市場は非常に魅力的なマーケットだ。日本で三角合併が解禁になれば、アメリカ市場も活性化し、アメリカ国内の経済もさらに活気づくだろう。

先般、5年半もの間続けられていた、日銀のゼロ金利政策も終焉を迎えたが、金利アップにもアメリカの反対があり、実現が遅れたのではないかとまでいわれている。

三角合併は、ブッシュ政権と強いつながりのあった小泉政権時に

日本でも認められることになったため、そのような疑いをもたれたのではないだろうか。国際標準の導入のため、解禁されることになったが、先進国で認められているのはアメリカだけだ。このことも、アメリカの関与を臭わせている。

日本の経済政策はアメリカの手中で踊らされているようにもみえるが、これは戦後から変わらない構造だ。三角合併による脅威はアメリカだけではない。中国の外貨が1兆ドルを超えるなど、経済市場の国境はなくなりつつある。その中で生き残るためにどうするか。それが日本経済の課題といえよう。

第3章

自分の会社は大丈夫!?
三角合併で
予想される事態

企業合併 基本の流れ

企業合併とは規模の大小に関わらず、2つ以上の会社が1つになることをいう。ここでは合併についておおまかな解説をしていきたい。まずは①企業が合併するまでには、一体どんなやり取りがウラでなされているのか……。そして、合併にあたっては、「②新設合併」や「③吸収合併」など、合併の種類についても簡単に紹介しよう。

1 合併準備

企業合併時のおおまかな流れは、取締役会で合併契約書を締結し、株主総会でそれを承認してもらうところから始まる。承認後、合併登記を行い開示となる。

・資本関係のない
・独立した2つの会社

2 新設合併

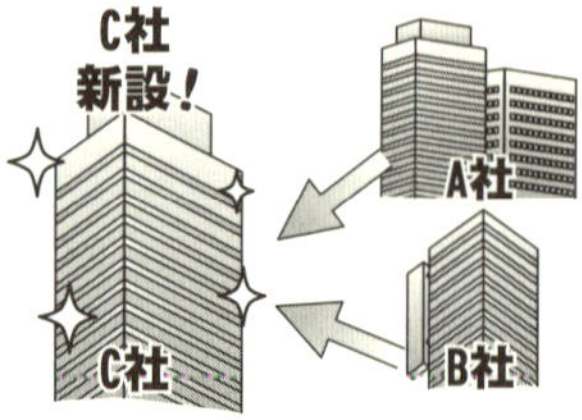

合併をする際に新しく会社を設立し、既存の会社は消滅する形で業務等を合併する方法がコレ。ゼロからのスタートとなり、手続きに時間がかかるデメリットもある。

3 吸収合併

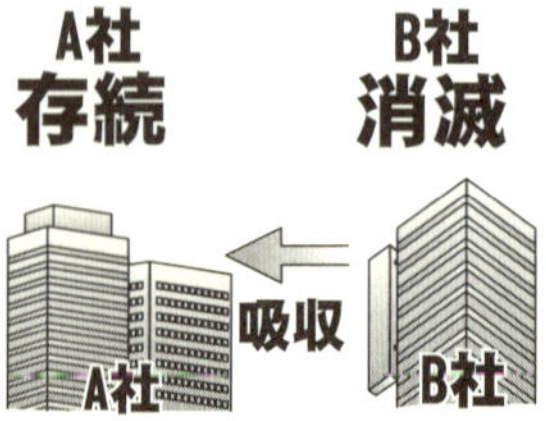

合併をする会社の1つに、すべてを統合し、それ以外の会社が消滅する方法。消滅する会社の株式を、存続する会社の株式に割り当てるなどの手続きが発生する。

トレードの基本

トレードといえば、今や主婦でもやっている人がいるという「デイトレード」などが有名。これは、1日単位で行われるトレードのことで、その他に数日間単位で売買する方式や数週間～数ヶ月かけて売買する方式などもある。トレードで成功するには、今後値上がりが期待されそうな、株について、カンタンにおさえておこう!

これから、頻発すると予想される企業合併。実は、これもトレードに少なからず影響してくる。現時点で株価が低いような企業は、買収対象として狙われやすいと考えられるのだ。

買収から逃れるために、なんとか時価総額や利益の増大を目指して動き始める。こうした自己防衛の動きの1つに合併なども含まれ、自社の将来を見据えた対策を各企業は取り始める。

この過程で株価の値上がりが予想される

つまり、これからの株式投資においては、今現在の数値だけを見て銘柄を選ぶだけではいけない。企業が今後どんな展開をしていくのか、買収される可能性はあるのか……など企業情報をきちんとリサーチしておくことが重要。ファンドが大株主といった気になる企業は、発表される計画などをよくチェックしよう。

合併のケースを学ぼう

企業合併には、様々な「ケース」での合併がある。友好的な合併や、片方の企業が完全に飲み込まれてしまう吸収合併など、合併はどこから見るかで、その関係性が変わるものなのだという。

合併のケース色々

合併のケースはこんなのがある

敵対的合併
友好的合併

対等合併
吸収合併
など

物事は、1 つの視点で見るのではなく、多角的にとらえることで視野が広がるというのは、日常でもいわれること。実は、これは企業合併でもいえることなのである。そもそも、合併というのは、それぞれが独立した別の意志を持った会社同士が一緒になるもの。同じ意志を持つ会社であれば、合併後の企業内での融合もわりとスムーズにいきそうだが、まったく逆を行くような企業同士だった場合には、かなり困ったことになるのは火を見るより明らかだ。

たとえば、お互いの会社が前向きに合併をする「友好的」な合併であっても、フタを開けてみれば、1 対1 の比率で合併するのではなく、片方が吸収される形での合併だった……なんていうこともありえるのだ。

その他にも「敵対的合併」という、友好的ではなく合併することも。友好的ではないのに、合併せざるを得ない状況で、その後の社内の統合や事業展開などにも、多少なりとも影響が出ることが想像できる。

なんで合併するの？

合併をするには、それなりの手続きが必要となり、さらに合併後にも社内の統合などに様々な手間がかかってくる。なのに、なぜそこまでして合併をするのだろうか。

それは、「事業展開の時間短縮」にある。たとえば、首都圏に本拠地を構えるA社と同じ業種で関西に拠点を構えているB社があったとする。A社が関西へ進出したいと思ったときに、すでに関西に拠点をもっているB社を使うことができれば、A社は関西で事業基盤をゼロから構築していく手間を省くことができる。これでかなりの時間短縮を図れるというわけだ。つまり、多少お金はかかっても、ライバルに勝つためにできるだけ時間短縮をしたいという考えかたなのである。

合併の狙い

多少のお金はかかっても、スピーディに事業展開を出来ることが狙い！

こんな裏側がある!? ①

対等合併

対等合併というのは、A社とB社が1対1の権利を持って合併するもののことをいう。しかし、そうはいっていても合併してみれば、それぞれの会社の力の差というのが浮き彫りになってくることも。おのずと最終的には弱い方が人事などで少しずつ追いやられていく、なんて事態もある。

こんな裏側がある!? ②

敵対的合併

同じグループに所属する人間であっても、それぞれが違う性格を持つように、企業も同じ業種にあっても、それぞれ違う風土をもっているもの。たとえば、ワンマンな社風の企業と温和で調和を保つような風土の企業が、企業収益の極大化の名のもとに合併するなんてこともあるのだ。

三角合併の驚異!?

日本はここから狙われる

三角合併により、日本の企業が海外の巨大企業に買収される可能性がグンと高まったわけだが、なぜそういった動きが出てきたのだろうか。その理由について考えてみよう。

外国が買収しやすくなった、そのワケ

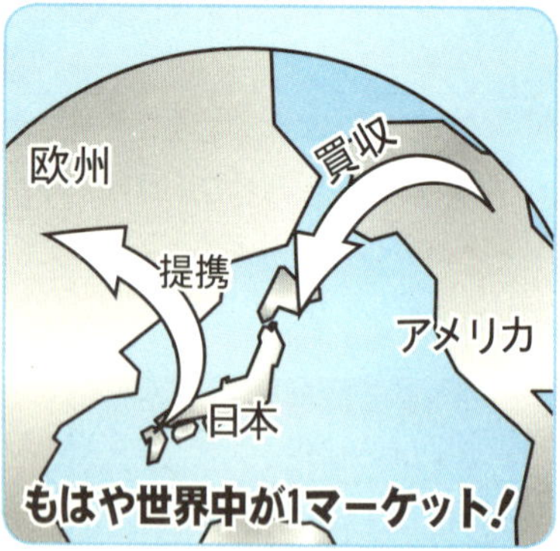

我々が海外旅行へ行こうとするときには、日本のお金ではなく外貨を持っていく。日本のお金で、海外の店で買い物は出来ないのだから、これは当たり前のこと。企業合併にあたっても、これと同様に考えてみて欲しい。合併をするときには、株のやりとりなど金銭的なやり取りが発生する。国内であれば、同じ日本円の価値観のもとで取引することができるが、海外とのやりとりでは通貨が違うのだから、国内と同じように済むわけはないのだ。

今回の三角合併は、大きくいってしまえば、お金の流れに国境がなくなり世界中が1つのマーケットとして統一されていく、その第一歩のようなもの。現金を用意しなくても、会社を買い取ることができるようになってしまったのだ。現金を用意するには、それなりの時間がかかるが、それがなくなったため、株式を上場しているところならば、即座に相手の会社を購入出来る状態になっているのだ。

やはり相手は 欧米か！

日本国内では独壇場といわれているような企業であっても、海外に出てみると、戦うことも出来ないほど力の差があることも少なくはない。欧米諸国は、やはり日本のような島国とは違って、国土やカラダだけでなく、企業規模までも大きいところが少なくない。

たとえば、自動車のトヨタなどのような、海外でもかなりの実力を持ち、対等にやりあえるほどの規模を持っている企業なら話は別だが、そうではない企業の場合には、やはり欧米諸国の大企業から、買収を狙われる危険性にさらされているといえるだろう。日本人がリードする企業を沢山残すためにも、なんらかの対策が欲しいところだ。

アジアからも狙われている!?

さて、日本が買収される相手として用心すべきは、欧米だけでいいのだろうか？アジア内だったら、日本が買収をするならともかく、買収されることなんてないと思ってはいないだろうか？

実は、家電の分野などでは、すでに日本企業は収益力でサムスンなどの韓国企業から大きく離されているという事実が隠れていたりするのだ。日本国内では、国民思情があってからなのか、なかなか韓国ブランドがハバをきかせている分野は少ない。しかし世界的に見ると気が付けばいつの間にやら、世界シェア的に韓国がかなり大きく巨大な存在となっているような事態に……。日本の家電は独自の技術があるから大丈夫なんて、タカをくくっていられない現状に立たされているのだ。そのことに、早く気がつかなければいけない。

狙われやすい企業徹底調査

欧米のみならず、アジアからも狙われている我が日本。しかし、海外は一体日本のどんな企業を狙っているのだろうか。対抗するためには、まずはそこから研究する必要がありそうだ。

合併は企業を生かすために

合併するということは、企業は合併後に規模が大きくなることを想定している。あるいは、近い将来売り上げが伸び、利益が増大することを想定して合併をしているはずである。絶対にマイナスとなるような合併は、会社の経営者であれば、決断するわけはないのだから。

これについては、商品製造過程での不祥事を起こし、経営困難に陥った不二家を救済する形で合併した山崎製パンの一件がいい例だ。業務的に問題があるとされた会社と合併・提携するのは、企業的にメリットがあるとは考えづらいところ。当然、合併する側の株主もデメリットばかりでは納得しないだろう。しかし、業務的に問題のある企業は株価が低くなっている。そして、相手企業に自社にはない魅力があるとしたら、それを安く買う大チャンスというわけだ。今は風当たりが強かったとしても、将来的に伸びてくる期待があれば、投資する価値アリと判断する経営者も少なくない。

企業が欲しがるモノ

企業全体としては、ボロであったとしても、それ以上に価値を認められるモノとは一体どういうものなのだろうか。基本的には、自社にない分野に強みがあるとか、地方展開がされているとか、そういった部分を狙うところもあるだろう。その他にも他社にないような技術力を持っていることや、浸透したブランド力、販売ルート、優秀な人材を持っているとかいう企業は、他社から見て魅力的であるといえる。

つまり、こうした「力」をもっている会社は狙われやすいともいえる。力を眠らせておくことなく、有効に使って企業として力を充実させておかなければ、他企業に買収されてしまう……なんてことがあるかもしれない。

企業的に価値のあるモノ

ブランド
販売ルート
優秀な人材

狙い目企業たち

会社としては
マイナーでも
ピカイチの
技術力！
ターゲット像

狙われやすい企業は、何かしらの特別な力を持っているもの。特に日本国内でいうならば、企業として評価が高くないのに突出した技術を保有しているパーツ会社などがそれにあたるそうだ。

大手自動車会社などの下で仕事をできるほどの技術力があるパーツ会社を、海外の巨大企業が狙う……なんてケースも見られるかもしれないのだ。そうなってしまうと、そのパーツ会社をメインで使っていた国内大手自動車会社も倒れてしまう可能性も。

買収拒否！

海外の超巨大企業にターゲットにされてしまったら、もう買収される道しかないと思っていないだろうか? 事前の対策も重要だが、実は買収の動きは拒否することもできるのだ!

買収は拒否できるもの??

CASE FILE

① 株主による拒否
② 従業員による拒否
など

国内的にそれなりの力と資産を持っていたとしても、海外に出てみれば、実は大したことなかったなんてことはよくある話だ。当然、力があって安い企業であれば、海外の企業はもとより日本国内の他の大手企業が欲しがることもあるだろう。その時に、対抗できるだけの資産がなければ、あえなく買収されてしまうものだと思っていないだろうか。しかし買収は、買収される側の承認なくしては実現しないもの。つまり、株主総会で承認されさえしなければ、買収は成立しないということだ。

経営方針の全く違う企業同士の合併などでは、従業員からの反発が起こりそれが拒否へとつながるケースもある。もちろん、株主が合併に賛成せず、買収拒否となるケースも。最近では、買収を拒否する動きは少なくなってきているようだが、実際には拒否をすることも出来るのだ。ただ、そのためには拒否できるだけの資質を持っていないことには、誰も拒否することなくあっさりと買収へと行き着くこととなるだろう。買収の動きが出たときには、拒否できるような会社作りが必要ということだ。

拒否できる会社づくり

買収拒否をするのは、経営者単独の判断ですることではない。そこには、従業員の意思や株主の意思など、企業を支える人々の意思が関係してくる。そうなれば、拒否をするにあたって経営者は、株主や従業員が他の企業に買収されたくないと思わせるような企業作りをしておかなくてはならない。

まず経営者は、株主が満足するような充実した業務内容や業績、社風などを整備しておきたい。そのためには、従業員の満足度の向上なども重要だ。従業員満足度が高まれば、必然的に業務も充実してくるもの。結果的に業績アップも実現するというワケなのだ。

株の変動にも注目

企業買収拒否のできる会社作りには、従業員や株主の満足度を高めておくのがポイントとなってくる。株主が満足する会社というのは、株が高値で安定していることなどがあげられる。それを実現するためには、経営者は企業の業績や信頼度をあげることが大事。

業績や信頼度を高めていくには、当然実際に現場を担当する従業員の働きにその多くがかかってくる。従業員にとって気持ち良く働くことのできる環境が整っていれば、能力を十分に発揮させ、業務の質と量を増やしていくこともできるだろう。こうした努力を続けていけば、あとはどんどんと業績が伸び、株主も満足し、優良企業が出来上がってくる。当然、株価の上昇も伴ってくると考えられる。

買収防止対策！

買収されやすい企業

三角合併の解禁に伴い、外国企業による日本企業買収が、これまで以上に活発になることが予想されている。企業合併においては、国内企業同士合併であっても、買収されやすい企業というのがある。そのもっともわかりやすい例が、割安でお買い得な銘柄だ。普段の買い物でも、モノが良くて値段が安いものがあれば、気軽に買いたくならないだろうか。それと似たような感覚なのかもしれない。

そして、この割安感は、企業の「PBR（株価純資産倍率＝株価÷1株当りの純資産）」を見て計られることがある。これは、数値が1に近づくほど株価と自己資本が一致することになり、買値と払い戻し金額が同等になることを示す。さらに、1より低くなっていけば、それは株価が自己資本より低いということを示し、割安であるといえるのだ。つまり、こういう状態にある銘柄が買収対象として狙われている可能性が高いのである。

体力をつけて買収を防止

買収されやすい企業は、できればそれを回避したいと思っているはずだ。国内で大きいとされている企業でさえも、欧米の超巨大企業と比べれば、その規模の違いはかなりのもの。抵抗してもムダ……なんて思ってしまうかもしれないが、少しでも買収から自社を守るためには、体力をつけて戦えるだけの準備をしておくことが大事だ。備えあれば憂いなし、いざというときに備えておけば、買収を阻止するだけでなく、企業の業績アップに繋がる可能性も!?

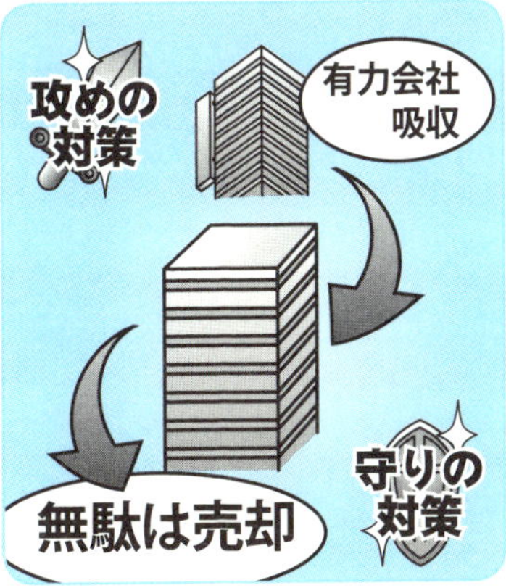

具体策はコレだ!

では早速、具体的な備えについてを考えてみよう。ここまでで、買収対象として狙われやすい企業の体質をある程度理解していただいたと思うが、要するに企業価値を「高く」することが出来れば、買収しづらくなるはず。

たとえば、自社に収益を見込めると判断すれば他社を買収することもあるかもしれない。逆に、自社内の採算の悪い部門を売却、合理化効果を出すといった企業経営を実施することも想像される。いずれにせよ、時価総額を上げるために攻守入り混じった動きが想定される。もちろん、利益を増大させていくことも時価総額の増大を手伝うため、そうした経営方針の計画なども注目すべきだろう。

このような、自社を守るための行為は、一朝一夕で出来るようなものではないから、企業としての中期、長期計画なども重要である。

トレードのタイミングを読む！

企業合併と株の動き

今、A 社とB 社が合併をするとしよう。このとき、それぞれの会社の株主の持株が変わる可能性がある。たとえば、A 社にB 社が吸収合併する場合、B 社の株主はB 社の株式からA 社の株式へと割り当てられ、A 社の株主となる可能性が高い。また、場合によっては消滅するB 社の株式が現金へと変換され、株主へ支払われることになることも。もちろん、そうなればB 社の株主はA 社との資本関係が消滅する。

自ら投資した株がどのような動きをしていくのか、よく注意をして、合併により発生するトレードでの買いタイミング、売りタイミングを読もう。

株価の変動を見逃すな

三角合併により、海外からの買収の危機が迫り、国内の企業はそろって買収に備えて動きだしている。そうした動きの中で、株価の上昇が期待されるわけだが、一方で企業の経営の方向もある程度変わってくると予想されている。

企業は必ずしも1 つの分野で業務展開をしているわけではない。家電であれば、冷蔵庫を取り扱ったり洗濯機を取り扱ったり、パソコンを取り扱ったりしている。しかし、どの企業も得意分野があるもので、伸びの良い商品とそうでない商品が出てくる。今後は、多くの企業は自社でもっと伸ばすことのできる分野以外は売却を進め、得意とする分野一点で突出するようになっていく。結果、全面展開型な企業ではなく、一点突破型の企業が形成がされていくと考えられている。

株によっては最悪のケースも？

ところで、企業は今、よそからの買収や合併を逃れるために、お互いに自分の体力をつけようと必死になっている状態だ。できれば、他社を飲み込んでさらに自社を大きくしたいと考えているところもあるはずだ。そのために、あの手この手の経営を展開をしていくことになる。

お互いの企業が競い合えば、切磋琢磨しさらによい企業が生まれてくるような考え方も出来るが、しかし、その戦いについていくことが出来ず、落ちていく企業も出てくるかもしれない。相手より上に出るために必死になっているうちに、企業の体力はどんどん消耗していき、やがて自社を守り抜くだけの力さえもなくなってしまうような可能性も……。

したがって、企業は勝ち上がることに夢中になりすぎ、周りの流れを見落とさないように気をつける必要があるだろう。

買収された株の行く末

あなたがもし株主だったとしたら、企業合併の話を聞いたときに気がかりとなるのは一体どんなことだろうか？　たとえば、これまでの経営方針は温和なもので、合併する相手企業が強気な体質の企業だったとする。この２社では企業内の社風がかなり違うことが想像できる。そうなれば、相手企業の社風に飲み込まれてしまうようでは、今後の企業展開にも関わるだろうし、困ると思わないだろうか。そういう心配もあるけれど、企業としてて大きくなり、株価が上がってくれるならそれでオッケーだという人もいるだろう。

実は、企業が合併すると、株の権利を失ってしまうこともあるのだ。合併の際には、もちろん新しい会社の株式と交換されるケースもあるが、新しい株式を割り当てるのではなく、現金で支払われるような場合がソレにあたる。株の取引や株を保有しているようならば、その辺りにも注意しておく必要がある。

column 3

得なのか損なのか？

サラリーマンちょこっと情報

外国からの買収は何かと面倒?

三角合併では、外国のA 社が日本のB 社を買収する際に、日本にあるC 社を介して行う場合。見かけ上は、B 社はC 社と合併しように見える。しかし、実際の株の動きとしては、B 社の株主はA 社の株を割り当てられるようになるのだ。気がついてみれば、いつの間にか手元には外国の企業の株があったなんてことになるかもしれない。

外国の株になっているからといって、価値は変わらないでしょ? なんて思っているかもしれないが、これにはもっと色々な要因がくっついてくる。

たとえば、外国の株を売ろうと思ったときに、日本の市場で売れるのか、それとも外国で売るしかないのかがわからない。その上、外国のものだから、為替だなんだと面倒が付きまとうことも。価値云々というよりも、精神的に面倒くさくてイヤになってしまいそうだ。

団塊の世代の影響ここまで波紋がある

この十数年来、製造に関する業務はアジアや南米諸国に発注するほうが、コストパフォーマンスが良いとされ、国内ではやらない傾向になってきている。一方で、日本ならではの技術などは決して海外でマネできるものではなく、重宝されているような状況もある。

しかし、大概の作業を海外に発注してきた流れの中で、日本で受け継がれるべき技術はいわゆる団塊の世代の人たちが持つのみで、若者には受け継がれていないような現実がある。しかも、団塊の世代が定年を迎え現場を離れ、その後の就職として海外で雇われる……なんて事態が起こりうる可能性があるというのだ。

そうなってしまえば、日本ならではの技術は海外に流れ、もはや日本国内には大量生産も出来なければ、細かい伝統技術さえも行えないような状態になってしまう時代がやってくるかもしれない。

第4章

動く？
動かない？
業界再編徹底予想

Medical treatment industry

医薬品業界のこれまで

国内では、武田薬品工業・第一三共・アステラス製薬の三強体制が依然維持された状態が続いている。特に武田薬品工業は、国内では唯一売上高が一兆円を超えており、これら確実に利益を上げる上位企業と、売上げが伸び悩む下位企業との差は、ますます顕著になってきている。しかし、国内トップの武田薬品工業でさえ世界では10位にも入らないのが現実だ。海外と比較すると、日本の医薬品業界はまだまだ小規模だといえるだろう。

また、注目したい近年の出来事の１つとして、政府によって2年に一度行われている薬価の見直しがある。06年は6.7%切り下げられ、事業環境はより厳しいものとなった。また、アステラス製薬が、医科向けの医薬品の開発費を捻出するために、傘下のゼファーマを第一三共に売却したことなども見逃せない動きだ。業界の再編機運はますます高まっている。

2006年の医薬品業界ニュース

- 薬価の6.7%切り下げ
- アステラス製薬がゼファーマを売却

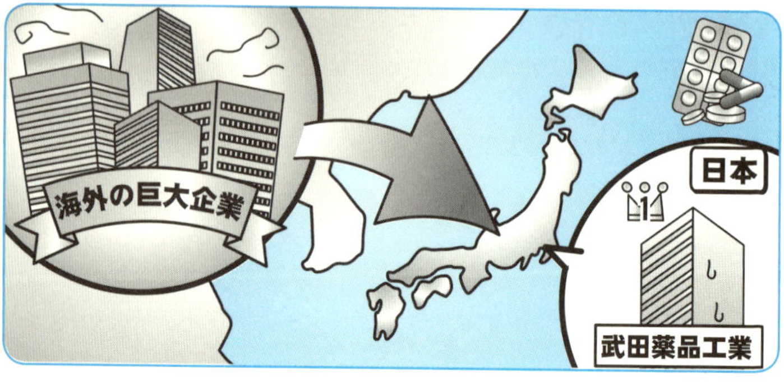

業界▶▶▶

大予想

医薬品

2007年以降はこうなる！

人口の高齢化が進み、国が健康保険でまかなう医療費が増大するため、医薬品はさらなる値下げを余儀なくさせられることだろう。開発に多大なコストがかかるだけに、収益率がより低下する苦しい状況が続きそうだ。

三角合併の影響は!? 医薬品業界再編の動き

医薬品業界で生き残るためには、世界に通用する製品をいかに早く開発するかがカギとなる。しかし新薬を開発するには膨大な研究開発費が必要だ。海外を見ると、大手の医薬品業者同士が合併を進めて、資金力をつけることで費用を工面している。しかし、国内においては、まだまだ世界規模の売上高を誇る企業が少ないといわざるを得ない。このままで日本のメーカーは、巨大な資本力を持った海外企業にいつ吸収されてもおかしくない状況だ。その手段の1つとして、三角合併が利用される可能性は大いにあるだろう。

05年4月に山之内製薬と藤沢薬品工業が統合して、アステラス製薬が誕生したのは記憶に新しいところだ。今後進出してくる海外企業に対抗するために、国内ではこうした企業間の統合が一層加速することが予想される。今のところ第一次の統合が一段落したように見えるが、まだまだ海外の巨大企業とはり合えるだけの力はない。今後下位だけでなく、上位の企業同士が統合することも十分にあり得るだろう。

医薬品業界の注目企業はココ

武田薬品工業

独自の強みを持つ国内最大手

売上高	1 兆 2,122 億円
営業利益	4,028 億円
研究開発費	1,696 億円

武田薬品工業は、国内第一位の売上高を誇り、研究開発費にも1000 億円以上つぎ込むなど、新製品開発に余念がない。生活習慣病領域に強みがあるため、大幅な薬価切り下げにも対応できるだけの独自性を持っている。

第一三共

ゼファーマと完全統合

売上高	9,259 億円
営業利益	1,547 億円
研究開発費	1,587 億円

第一三共は、アステラス製薬から買い取ったゼファーマと 2007 年４月に完全統合するなど、その動向に目が離せない。海外企業に吸収される危機感が高まる中で、西の武田薬品工業と東の第一三共が経営統合する可能性もある。

エーザイ

技術力の高さで勝負

売上高	6,013 億円
営業利益	957 億円
研究開発費	932 億円

毎年数百億円の規模で売上高を順調に伸ばしているエーザイ。その背景となっているのが、高度な技術開発力だ。今後は、その技術力を活かして、いかに独自の分野に特化して研究を進めていけるかに注目したい。

清丸氏からの

One Point Lesson

●世界的に有望な薬を作り出せるか？

医薬品は思わぬ副作用を併発する可能性のある、常に危険と隣り合わせの商品だ。リスクが大きい分、世界で特許の取れる新薬を開発して成功すれば、数百億円規模という莫大な利益をもたらすことだろう。

●「集中と選択」戦略に注目しよう！

医薬品業界の各企業は、これから成長が見込めない事業分野は、たとえ現時点で儲かっていたとしても、思い切って売却してしまい、切り捨てていく可能性があるだろう。このように総資産を減らして現金を増やすことで、これから注目される分野に絞って注力する「集中と選択」戦略が、企業の間で広がっていくと予想される。

注目ポイント

近年話題のジェネリック医薬品など利益率の低い製品を、大量に販売することで、売上げを稼ぐという手法もある。しかし、確固たる成長力を維持していくためには、高齢化社会への対応、糖尿病や肥満防止に効く、業界を震撼させる新薬を開発し、分野特化型の強みのある企業になる必要があるだろう。

家電業界のこれまで

Consumer electronics industry

これまで国内の家電業界では目立った統合というのはあまり見られなかった。せいぜいソニーがアイワを合併したり、松下電器が日本ビクターを子会社化したりするくらいのものだった。なぜなら、日本の家電産業は世界をリードし、大企業も中小企業もそれなりの利益を上げていたので、合併にこだわる必要性があまりなかったからだ。

06年は白モノを中心に家電の平均単価が上昇し、好調ぶりは数字にも顕著に表れている。この状況を支えているのが、付加価値のある家電商品だ。消費者のライフスタイルの多様化と共に、低価格なものから、他とは違うデザイン・機能へとニーズが変化したことが、人気に火を付けたのだろう。

ところが、昨今は中国や韓国といった海外企業も勢いづいており、特にサムスン電子は世界的ブランドを確率しつつある。こうした韓国企業の躍進も日本企業に大きな影響を与えることだろう。

2006年の家電業界ニュース

- 家電の平均単価が上昇
- 付加価値商品への人気集中

業界▶▶▶

大予想

家電

2007年以降はこうなる！

白モノ家電が好調だが、それでも赤字から脱却できない企業もある。これからは高齢化社会や省エネに対応した、より顧客視点に立った製品が求められるだろう。付加価値商品に各メーカーがしのぎを削る状態は今後も続きそうだ。

三角合併の影響は!?　家電業界再編の動き

今後はブランド力がある会社とそうでない会社との格差がどんどん広がっていくことが予想される。自社ブランドで製品が売れないメーカーは、他社の名前を借りて商品を作る「OEM」という戦法を取るしかない。しかし、この方法を続ければ、自社で直接販売するよりも収益率は低くなるため、体力は脆弱化してしまい、激化する競争についていけなくなる。

また、ある分野では高い技術力はあるものの、競合会社がより市場のニーズにマッチした製品を作り出し、得意分野を切り崩されてしまうことで経営危機に陥るメーカーも出てくるだろう。その最たる例が、乾電池や白モノ家電が代表的な三洋電機や、音響機器で有名な日本ビクターだ。特に三洋は自社ブランド力が弱いために、OEMに頼って売上げを稼いできた。しかし同族経営のひずみもあり経営危機に陥った。そうなると海外企業から格好の標的となってしまうのはいうまでもない。まさに三角合併の脅威に戦々恐々としている状態ではないだろうか。

家電業界の注目企業はココ

三洋電機

家電のOEM 供給を展開

売上高	2兆 4,843 億円
営業利益	171 億円
研究開発費	1,267 億円

洗濯機や電池といった分野で高い技術力を持つ三洋電機。しかし、自社ブランドの製品シェアが小さく、デジタル家電においては、OEM 供給がほとんど。その状況を脱せるか否かが、業界再編のポイントとなりそうだ。

日本ビクター

VHSを開発した音響メーカー

売上高	8,068 億円
営業利益	68 億円
研究開発費	387 億円

映像機器や音響機器を主力製品とするメーカー。この分野で、ソニーに次いでソフト・ハードの両事業を抱える企業でもある。松下グループに所属するが、入札により売却される方針が決定し、今後の動向が気になるところだ。

パイオニア

高性能のオーディオ機器がウリ

売上高	7,549 億円
営業利益	164 億円
研究開発費	634 億円

パイオニアは日本の大手音響機器メーカー。プラズマテレビやDVD レコーダーといったデジタル機器の事業においても、優れた技術力を持っており、今後は自社ブランドの強化と OEM 供給の展開がどうなるかが見どころだ。

清丸氏からの

One Point Lesson

●中国・韓国企業の脅威

中国や韓国メーカーの製品は安価だが、質が疑問視されてきた。しかし、近年では技術力を高めると共に、戦略商品を絞ってフルラインで生産するようになり、世界的に日本企業を脅かす存在となっている。

●完璧主義を見直すべき！

海外からの安価で高品質な製品と競争していくためには、日本企業も元来の政策を根本的に見直す必要がある。特に商品の品質に関係のない部分までコストをかけないようにすることが大事だ。余計な部分までこだわる完璧主義的性質を見直し、本当の意味での価格競争力を意識する時期が来たのではないだろうか。

注目ポイント

近年では、斜めドラム式洗濯乾燥機や野菜の鮮度を上げる冷蔵庫など、ユニークな機能の搭載された家電製品が増えている。このように高付加価値でオンリーワンの商品を作り出すことができれば、高額な商品でも値崩れすることはないので、業界で生き残っていくことができるだろう。

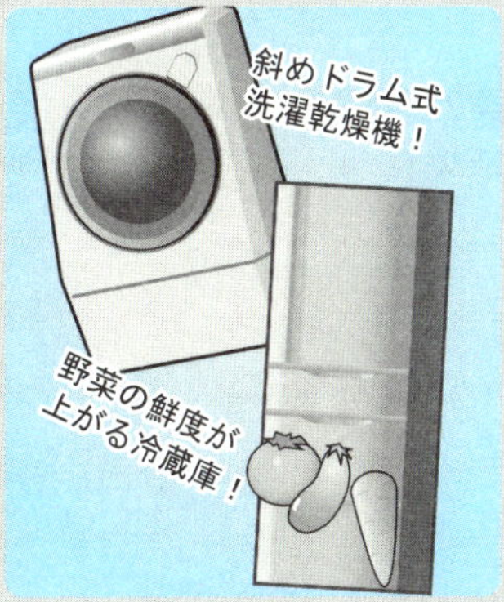

鉄鋼業界のこれまで

Steel Industry

鉄鋼業は膨大な設備投資を基盤に成り立っている産業で、例えば高炉を建設するには、1,000 ～2,000 億円も費用が軽くかかるといわれている。それだけ巨額な投資を要するにもかかわらず、鉄鋼の需要は急激に伸びることはなかった。そのため、世界では主要な企業を中心とした統合が進んでいた。ところが中国企業の躍進とともに需要が急増した。

そうした中で注目すべきなのは、生産量で世界第2 位のミタル・スチールで、資本力を武器に小が大を飲み込む買収活動を次々と行っている。06 年に同社は、世界第1 位のアルセロールに買収を提案し、07 年にはアルセロール・ミタルとして、1 社で新日本製鐵の3 倍以上の売上高を有する巨大企業になろうとしている。また、年率2 ケタで鉄鋼の生産量を拡大させている中国の動きからも目が離せないところだ。中国からの過剰供給が日本の需要バランスを崩してしまう可能性も十分にあるといわれている。

2006年の鉄鋼業界ニュース

- ミタル・スチールがアルセロールを買収・経営統合
- 急拡大する中国の鉄鋼生産量

業界▶▶▶ 大予想 鉄鋼

2007年以降はこうなる！

これまで経営難に陥った鉄鋼会社を買収することで規模を大きくしてきたミタル・スチールは、単価の低い製品が主力商品だった。今後は高級鋼材の市場にも参入するために、どのような買収劇を繰り広げるのか注目される。

三角合併の影響は!?　鉄鋼業界再編の動き

インド資本のミタルの買収活動の矛先が、三角合併導入を機に日本企業に向けられることは十分にあり得る。同社がこれまで安価な鉄を大量生産する戦略だったのに対し、日本は生産量よりも、質を高級化することで付加価値を付けて利益の極大化を目指してきた。現在世界の鉄鋼業界を牽引しているのは自動車産業といっても過言ではない。その自動車向け高級鋼材を製造できる技術力の高さゆえに、日本企業が次のターゲットになってもおかしくはないのだ。またミタルは各国の鉄鋼会社を吸収しているものの、成長力のある中国市場に向けての拠点がまだない状態だ。優れた製造技術を持つ日本の鉄鋼会社を買収して、中国進出の足がかりとするかもしれない。その対抗策として、日本企業は新たな連携を模索している段階だ。新日本製鐵は、住友金属工業や神戸製鋼所に資本出資を行ったり、中国の宝山鋼鉄等と株の持ち合いを進めたりしている。買収を避けるために、自社株を消却して時価総額を高くすること、新たな提携を行って自社グループを巨大化していく上で、この２つの作戦しかないからだ。

鉄鋼業界の注目企業はココ

新日本製鐵

国内外企業との提携を進める

売上高	3兆9,063億円
営業利益	5,763億円
研究開発費	378億円

世界第３位の粗鋼生産量が有り、国内では業界首位を誇る。その高い技術力を活かした、高級鋼の製造には定評があり、住友金属工業や神戸製鋼所と株式の持ち合いを進めるなど、自社グループの拡大を積極的に進めている。

JFE ホールディングス

最先端の技術で鉄鋼業界をリード

売上高	3兆983億円
営業利益	5,171億円
研究開発費	381億円

JFE ホールディングスは、川崎製鉄と NKK が 03 年に経営統合して誕生し、新日本製鐵と並んで日本の鉄鋼業界をリードしてきた。リストラによる財務の改善と人事融合を軸とした戦略を展開。グループや強化も進める。

住友金属工業

他社の追随を許さない得意分野を有する

売上高	1兆5,527億円
営業利益	3,058億円
研究開発費	164億円

日本の大手鉄鋼メーカーの１つで、三井住友銀行、住友化学と共に「住友グループ御三家」と呼ばれ、グループの重鎮企業である。原油発掘用の鋼管であるシームレスパイプの生産に関しては、世界でもトップレベルだ。

清丸氏からの

One Point Lesson

●ミタル・スチールの次の一手とは……!?

鉄鋼会社は世界でも再編が十分に進み、すでに成熟した産業と考えられていた。しかし、ミタル・スチールの驚異的な買収活動は業界に新しい風を吹き込み、台風の目と化している。同社の次の手段に要注意だ。

●中国の安価な鉄が日本に与える影響

世界最大の鉄鋼生産国である中国には小さな製鉄所が無数に存在し、安価な鉄を過剰に生産している。こうした中国からの安い建築用鋼材などの流入が、国内の鉄鋼価格に大きな影響を与えつつあることは周知の事実だ。日本の電炉メーカーも生き残りをかけて再編を余儀なくされている状態だといえるだろう。

注目ポイント

忍び寄るミタル・スチールの手から逃れる術の1つは、営業基盤の強化や、販売ルートの拡大などに一層尽力し、会社の魅力を高めて、株主に見放されないようにすることだ。今後は商品力や技術力を磨くことで、トータルな企業としてのブランド力を高め、真の経営力向上に注力すべきだろう。

その他の気になる業界の動き

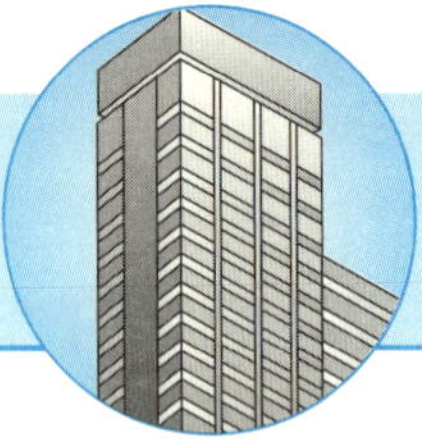

食品業界の2007年の動き

近年は少子高齢化が進み、食品業界もビジネスモデルの大きな転換が求められている。それを表すかのように、大人をターゲットとした高級食品が次々と開発されているのが大きな特徴だ。この業界は製粉、菓子、飲料など非常に幅広く、企業の数も多いが、売上高で1 兆円を超えるのは、アサヒビール、キリンビールといった大手ビール会社くらいしかない。つまり日本は食品業界の規模自体が小さく、国際的な競争力がまったくない状態だといえる。日本は国民所得が高いので、その豊かさに目をつけて高級食材を販売しようと狙いをつける海外企業が出てくれば、競争力のない企業につけこまれる危険性を否定できない。

食品業界のこの企業に注目しよう！

買収防衛策としては企業間の提携を進めるのが得策だが、食品業界は同族会社が多く、古い性質が色濃く残っている。閉鎖的なままでは、他社との協力関係を構築するのは難しいので、企業体質を改善することを優先すべきだろう。例えば、アサヒビールがカゴメに10% の資本出資を行って業務提携を交わしたように、オープンな会社にして信頼関係が相互に深まれば、連携も促進されるだろう。

小売業界の2007年の動き

小売市場は96年をピークに縮小傾向にあり、今年もその状況が続くと予想される。百貨店、スーパー、コンビニ、どこも既存店売上の低下に歯止めがかからない状態だ。そのため海外企業が日本の小売業界に投資するメリットはあまりない。ウォルマート・ストアーズが西友を買収したものの、経営は頭打ち状態であることから、そう簡単には外資も手を出してこないだろう。しかし、日本人のニーズにマッチするような新しい売り方、新しい商品を有する企業は、積極的に買収に進出してくるので油断はできない。

小売業界のこの企業に注目しよう!

勝ち組不在といわれる小売業界において、百貨店では唯一売上高が1兆円を超える高島屋、スーパーではイトーヨーカ堂やイオングループの躍進が目覚ましいところだ。しかし、どの企業も収益が伸び悩んでいる。今後どのように企業の格差が広がるかに注目したい。海外企業が日本で失敗するのは、自らのマーケティング手法を過信しているところに主因がある。国内企業でも難しい日本の消費者の行動やこだわりをいかに把握できるかが、売上げを伸ばすためのポイントとなるだろう。人口の減少や消費税率のアップといった不安材料はあるが、成長力のある分野にどう出ていくか、中国や東南アジア市場をどう開拓するかが今後の課題となりそうだ。

column 4

三角合併が及ぼす影響とは?

親会社の株さえ譲渡すれば、直接資本関係のない会社でも買収できる三角合併。これによって企業は、銀行等とかけあって資金を工面しなくても、すぐに買収活動に移れるため、その驚異的な手法が日本に与える影響はかなり大きい。

経営者に与える影響

三角合併が国内企業の経営者の危機感に火をつけることはまず間違いない。資本力の増強、企業間統合など経営者が努力して、対抗手段を駆使しなければ、あっという間に外資の餌食になってしまう可能性があるからだ。

下請けの中小企業に与える影響

パーツメーカーに代表される技術力は高くても、国内市場ではあまり好待遇を受けていない企業は、大企業の下請け的立場に追いやられているため株価が安い。日本特有の繊細で高品質な製品を製造できる部品メーカーは、海外企業にとってはまさに掘り出し物件。三角合併の対象となりやすいのはいうまでもない。

第5章

合併間近で株の取引！
今から覚えても
遅くない!

STEP 1 株取引の心がまえ

株取引には株で儲かるさまざまな魅力がある。だが、その反面リスクを背負う可能性もある。まず己を知るとことが大切なのだ。

株取引の魅力ってなに?

株取引の魅力は、投資した株を売買してキャピタル・ゲインを手にすることだ。株式を購入したときの金額よりも、何倍にも跳ね上がった金額で売却できれば、大金を得ることができるのである。

このほかに、決算で企業が利益を上げた場合、株主に還元する配当金や自社製品や各種優待券などを配布する株主優待制度がある。さらに、発行済の株を分割する株式分割もある。株価が上がれば大きな利益を期待できるのだ。

リスクを抑えるには余裕資産のなかで投資する

大きな利益を期待できる反面、株の値下がりや企業の倒産など、リスクを被ることも頭に入れておく必要がある。目先の利益ばかりを追い、生活費を削ったり借金をして投資を行うと大ケガをすることになりかねない。

株取引は余裕資金で行うのが鉄則なのだ。資金の余裕と冷静な心の余裕が大切である。

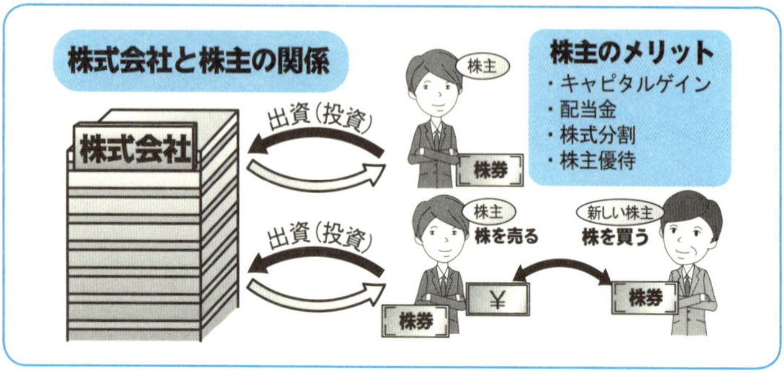

STEP 2

ライフプランを立てて投資スタイルを決める

株取引を始める前に、投資スタイルを決めなくてはならない。資金の状況やライフスタイルなど、資産運用は十人十色だ。

投資スタイルは大きく分けて3タイプ

投資スタイルには、短期投資、中長期投資、長期投資の3つのタイプに大別される。

短期投資は、数分～数日単位で売買を行うことを指す。ネットの普及により、1日の値動きで何度も株取引を行うデイトレードが増えている。超短期間で大きな利益を出せるが、時間に縛られることや元本割れをすると取り戻せないといったハイリスクを伴う。一方の長期投資は、数ヶ月から数年単位で取引するタイプ。短期投資に比べて値動きに荒れることがなく、長い時間をかけて将来値上がりしそうな株を買い、資産として持ち続けることができる。また、配当や株主優待が見込める。中期投資は短期と長期の中間にあたる。

投資効果は大きく異なるが、初めて取引するなら時間に縛られない、中・長期投資をオススメする。

投資スタイルによる上手な株・銘柄の選び方

●短期投資の場合

ハイリスク・ハイリターンの短期投資タイプは、株価の値動きが激しい銘柄に絞られる。

1日の値動きで売買を繰り返すデイトレードは、数秒の駆け引きが利益の差を分ける。常にモバイルやパソコンなどから株価をチェックできる環境を整えておくことが重要だ。

●中・長期投資の場合

5年や10年という長い期間をかけて値上がりするのを待つ、中・長期投資タイプは、世間の評判が良い優良銘柄を選ぶといいだろう。また、自分で業務内容を理解して好感が持てる銘柄を買う人も多い。

商品やサービスを気に入っている企業の株価の成長に加えて、配当や株主優待などが楽しめる。

STEP 3

株取引に重要な証券会社の選び方

株の投資は、取引する証券会社を選ぶことから始まる。日本国内の約300 社近い証券会社から、選ぶポイントを紹介しよう。

自分に合った証券会社を探す

株取引を始めるには、証券会社の口座を開設しなければならない。しかし、サービス内容をはじめ、コストや利便性など、多種多様の特徴を持っているので大いに悩むところだ。まず専門誌やインターネットで情報を集めたり、パンフレットや資料を取り寄せて、比較することから始めるといいだろう。

サービスと手数料を比較して決める

各社を比較する選択基準は、手数料（コスト）、サービス内容、利便性、取扱商品の4 種類。初めての場合、基本となるのが手数料とサービス内容だ。

投資家が支払う手数料は、株式売買手数料と口座管理料である。株式売買手数料はサービス内容や各社で異なる。安直に手数料が安い基準で決めると、情報提供が限られ取扱商品が限定されてしまうので要注意だ。また、消費税がかかることを忘れないこと。口座管理料は年間3000 円程度と考えてよい。手数料と関連するサービス内容は、専門家の投資アドバイスや銘柄の情報提供など豊富。ただし、その分手数料は高くなるのでバランスを考えることが大切だ。

個人トレーダーに人気のオンライン取引がオススメ

インターネットの普及により、ここ数年急速に増えているオンライン取引。パソコンやモバイルなどのネット環境さえあれば、場所を選ばずどこでも気軽にリアルタイムで情報を入手できる。しかも、初心者でも敷居が低く、マイペースで簡単に取引できるのも人気の要因だ。株価チャートをはじめ、ニュース、株の注文状況など、ネット証券に口座を開設するだけで無料で得ることができるのである。

主なネット証券会社の比較一覧

サイト名·URL	特　徴
イー・トレード証券 https://newtrading.etrade.ne.jp/	常に業界最安値の手数料で口座数No.1の人気を誇る証券会社。最大の魅力は投資スタイルに応じて選べる売買手数料の安さ。1日の約定代金合計が10万円までは手数料が無料だ。
カブドットコム証券 http://www.kabu.com/	投資ツール「kabuマシーン」が代表的な証券会社。国内初の夜間取引や単元未満株の1株から購入可能な『プチ株』など、豊富な投資サービスは他社を圧倒する。
楽天証券 http://www.rakuten-sec.co.jp/	楽天グループのインターネット取引専業証券。完全リアルタイムで株価自動更新機能を備えた「マーケットスピード」が魅力。少額から投資を始めやすいサービスが充実する。
GMOインターネット証券 https://sec.gmo.jp/	06年5月に、業界最低水準の売買手数料を引っさげて誕生したネット証券会社。オリジナルの発注ツールをはじめ、トレードに役立つ多彩な情報ツールを無料で提供する。
ジェット証券 http://www.jetsnet.co.jp/	野村証券のインターネット専業証券版。口座開設までのスピードが早く、最短で3日で口座が開設できるのが特徴だ。その日の投資スタイルに合わせて料金プランを変更できる。
松井証券 http://www.matsui.co.jp/	国内初のインターネット株式取引を開始したネット証券の代名詞的な存在。定額手数料体系や無限信用取引など、革新的なサービスを導入してきただけに信頼性は群を抜く。
丸三証券 http://www.03trade.com/	丸三証券は割安な手数料と使える情報提供がウリ。通常8,400円の利用料がかかる「日経テレコン21（速報ニュースクリッピング、日経4紙記事検索など）」を無料で見ることができる。

ネット証券会社のココが魅力

ネット証券で取引を行う場合、証券会社の営業マンを通さず、すべてネット上でできる。そのため、通常の証券会社に比べて株式売買手数料が格段に安い。また、口座開設や口座維持費もネット証券会社では無料が多い。ネット証券会社も手数料をはじめ、サービス内容、操作画面などが各社によって違うので、よく吟味するように。

証券取引所の時間を知ろう

取引できる時間を知ることは、株取引を行ううえで大切。証券取引所での取引時間は、午前9時〜11時(前場)と午後12時30分〜3時(後場)の2回。取引時間は決まっていて、土·日、祝日は取引を行わない。また、株の売買は取引時間外がある。取引時間外に出された注文は、その後の取引時間内に執行される。取引時間外は、各証券会社によって異なる。

●東京証券取引所の場合

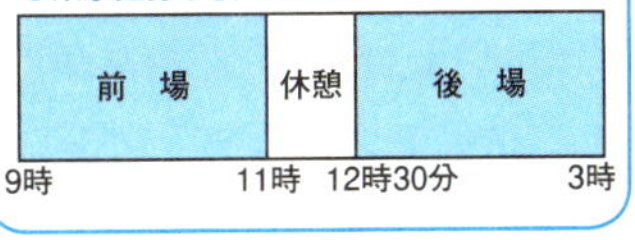

STEP 4

ネット証券会社に口座を開こう

証券会社が決まれば、口座を開設するステップとなる。ここでは、口座の特徴やネット証券の口座開設の手続きを紹介しよう。

口座の開設に必要なモノは何?

ネット証券で株取引を開始する口座の開設は、基本的に店舗で相談しながら手続きを行う対面取引と同じ。また、銀行口座と同様に身分証明をできるものが必要となる。証券会社に資料を請求してから、口座案内が届けば開設できる。専用のIDやパスワードはログインに必要になるため、紛失しないようにきちんと管理しておくこと。

大手・準大手の場合は証券総合口座がオトク

証券総合口座は、株式売買以外に、債券、投資信託、外貨MMFといった証券会社が扱う商品をまとめた口座。この口座の残金は、MRF(マネー・リザーブ・ファンド)で運用され、証券会社が扱うさまざまなサービスを利用できるのでオトクだ。

確定申告に困らない特定口座がオススメ

特定口座とは、投資家に代わって証券会社が年間取引報告書を作成してくれる口座のこと。

株取引の売買で得た利益には税金がかかるため、確定申告をして支払う義務がある。この口座では申告の手間が大幅に省けるので、一般口座より便利。代行の仕組みは、「源泉徴収あり」と「源泉徴収なし」の2種類が用意されている。

銀行の口座と証券会社の口座は少し勝手が異なる

ネット証券の口座に入金すると、その資金で株を売買できるようになる。口座に入金するには、ネット証券が指定した銀行口座を使って振り込むと、自分の口座に入金される。ただし、証券会社によっては自分の口座に入金されるまで、時間がかかる場合があるので注意が必要である。

口座開設の手順

1　申込書や資料を請求

証券会社のホームページにアクセスして、口座開設申込書に記入することも可能

↓

2　必要事項に記入・捺印

証券会社から送られてくる書類に、必要事項に記入・捺印して返送する

身分証明になるもの

- 免許証
- 国民健康保険証
- パスポート
- 印鑑証明書　etc

↓

3　口座開設

証券会社から会員用のIDやパスワードなどの資料が、約1～2週間で届く

↓

4　株売買の資金を入金

証券会社専用のソフトをインストール。初回の取引に必要な金額を入金する

↓

5　取引スタート

STEP 5

かしこく情報を集める方法

株取引を始めると、世の中の動きに敏感にならなければいけない。情報収集を上手に活用すれば、格段にスキルアップできる。

企業の基本情報を知ると経済の視野が広がる

株価は経済のほかに、政治や国際情報など、あらゆる要因が加わって日々変動する。この要因をいかに早く見つけ出すことができるかが、株式投資の成功の大きな鍵になるといえる。このようなことを踏まえて銘柄を選ぶと、自ずと企業の業務内容を筆頭に、商品開発、サービス内容など、あらゆる点で注視するようになる。また、社会に向けて常にアンテナを張るようになるので、世の中の動きに敏感になれるのだ。

情報収集は投資先を見つけるための必須ツール

経済情勢と業種から企業を絞り込むことが銘柄選びの基本だ。銘柄の情報収集は、テレビ、新聞、専門誌、インターネットなど、あらゆるメディアから得ることができる。また、売却の時にも役立つ。なかでも代表的な情報源となるのが、会社四季報（発行元：東洋新報社）と日経会社情報（発行元：日本経済新聞社）である。さらに、毎日の動向をチェックするには、日経新聞がオススメ。また、各企業のホームページで、ニュースリリースや決算短信などをチェックするのもいいだろう。

株価の動向はツールによって変わる

専門誌	特集記事などを組んで、深く掘り下げて紹介しているので研究材料となる
新聞	毎日のできごとを紹介し、それに関連した情報も得ることができる
テレビ	ニュース番組から株価を予想できる。どのメディアよりも速報性に勝る
インターネット	株式市場を知るには最適なツール。リアルタイムで情報を得ることができる

会社四季報の見方

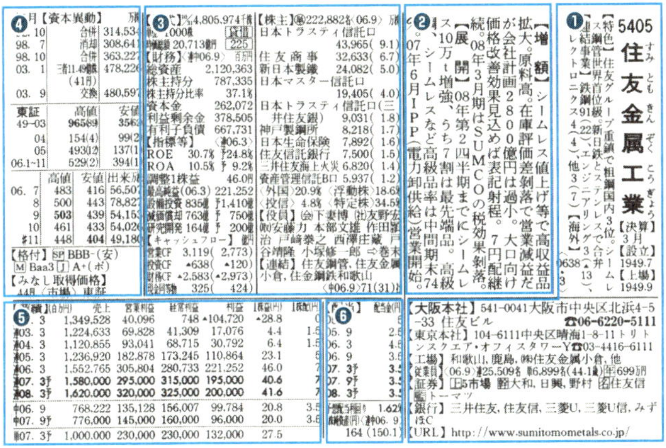

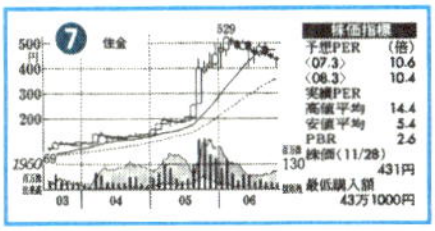

[会社四季報2007年第1集 新春号より]

❶ 証券コード・社名欄

全国6ケ所の証券所で組織する銘柄の識別番号と、会社の事業内容などを掲載する

❷ コメント欄

連結決算の対象となる企業グループ全体の業績の見通しや業界内の地位などがチェックできる

❸ 財務諸表・指標など

企業の体力や規模を示す指数を掲載。株主持分の比率が高いほど、安全性が高いといえる

❹ 資本異動・株価・格付け欄

会社の発行する株式数や資本金の変化が分かる。企業の案税制や株価の動きなどが確認できる

❺ 業績欄

業績数字で、企業がどこで利益をだしているのか確認できる

❻ 配当欄

配当の実績と予想の実額を確認できる。07年度版の新春号から新たに新設された

❼ 株価チャート

約5年分の株価推移を移動平均線とローソク足で表示。また、週末ベースで月間出来高などを掲載

会社四季報で情報を入手する

会社四季報は、年4回発行される株式専門誌。トレーダーにとって、株を購入するときのバイブルとして愛用されている。企業の業績や資本構成、業務内容、数年間の株価の推移など、投資に必要な情報を網羅する。さらに競合企業との比較にも役立つ。

この本を有効活用すれば、儲かっている会社を探せるのはもちろん、株主に優しい会社、株価が割安な会社、注意が必要な会社など、多角的視点で企業の状況を把握することができるのだ。

日本経済新聞の見方

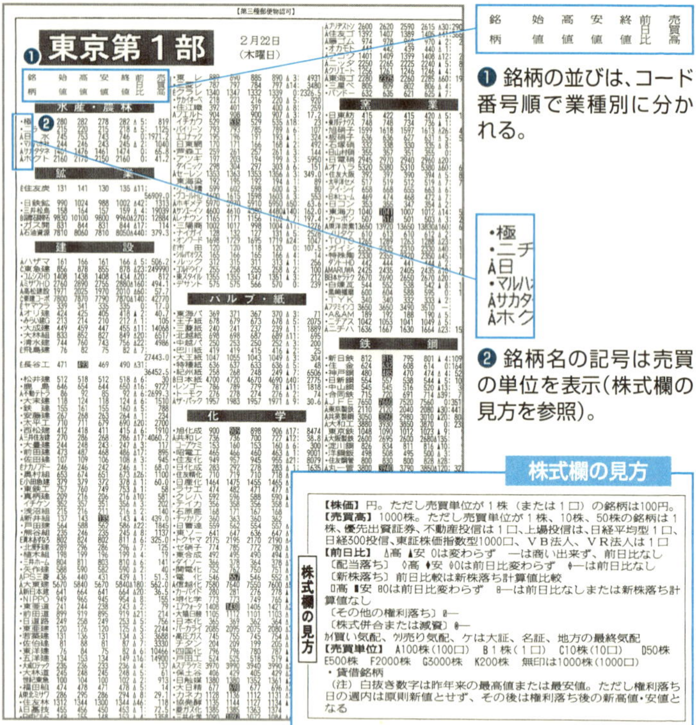

❶ 銘柄の並びは、コード番号順で業種別に分かれる。

❷ 銘柄名の記号は売買の単位を表示（株式欄の見方を参照）。

株式欄の見方

株式欄の見方

【株価】 円。ただし売買単位が１株（または１口）の銘柄は100円。
【売買高】 1000株。ただし売買単位が１株、10株、50株の銘柄は１株、優先出資証券、不動産投信は１口、上場投信は、日経平均型１口、日経300投信、東証株価指数型1000口、ＶＢ法人、ＶＲ法人は１口
【前日比】 ∆高 ▲安 0は変わらず —は商い出来ず、前日比なし
〔配当落ち〕 ◊高 ♦安 ◊0は前日比変わらず ♦—は前日比なし
〔新株落ち〕 前日比較は新株落ち計算値比較
▯高 ▮安 ▯0は前日比変わらず ▮—は前日比なしまたは新株落ち計算値なし
〔その他の権利落ち〕 ▯—
〔株式併合または減資〕 ◊—
ｶｲ買い気配、ｳﾘ売り気配、ケは大証、名証、地方の最終気配
【売買単位】 A100株（100口） B１株（１口） C10株（10口） D50株 E500株 F2000株 G3000株 K200株 無印は1000株（1000口）
・貸借銘柄
（注） 白抜き数字は昨年来の最高値または最安値。ただし権利落ち日の週内は原則新値とせず、その後は権利落ち後の新高値・安値となる

［日本経済新聞2007年２月28日朝刊］

日本経済新聞で情報を入手する

日経新聞は、経済情報の充実に加え、証券市場で扱われる全銘柄が記されているので、投資家にとってマストアイテムといえる。

誌面に掲載されている株式欄は、株取引のあらゆる情報を盛り込んでいるため、銘柄の値動きを知るための重要な情報源となる。当時の終値と前日の終値を比較した前日比では、値上がりした場合は△、値下りした場合は▲で表示される。全体の動きが視覚的に捉えることができるのだ。詳しくは「株主欄の見方」に解説されている。

元気な企業の見方

投資家向け広報IR

投資家との信頼関係を築く広報活動として認知されている。会社はIR で投資判断に必要な情報を開示することで、投資家の裾野を拡大する狙いがある。IR に力を入れている会社は株主を大切にしているといえる。

1 年間の活動が分かる決算書

投資しても安全な会社かを見極める判断材料となる決算書。基本となる資料は、会社の基礎体力を表す「貸借対照表」、会社の収益力を示す「損益計算書」、現金収益の状況をまとめた「キャッシュフロー計算書」の3 種類。

指標の注目1 PBR(株価純資産倍率)とPER(株価収益率)

株価が割安か割高かを判断する指標となるのがPBR とPER。PBR は経営基盤となる株主資本を基準に、1 株当りの株主資本が何倍になっているかを表す。PER は1 株当り利益が何倍になっているかを示す。

指標の注目2 ROE(株主資本利益率)

株主資本(自己資本・純資産) に対する当期税引き後利益の割合。株主にとって、投資資金を効率的に運用活用されて採算がとれているかという指標となる。ROE が高い会社は収益性とともに高い成長性が見込まれる。

ネットの投資サイトの情報にも目を向ける

投資サイトは、ネットで主要指標や個別銘柄の株価チャート、各会社の財務情報をチェックできる。豊富な種類のなかでも、オススメがYahoo! ファイナンス（http://quote.yahoo.co.jp/）だ。

Yahoo! ファイナンスの特徴

Yahoo! ファイナンスは、投資に役立つ情報がほぼ無料で利用できるのが特徴。また、速報性の情報提供に力を入れており、全上場柄の株価を20分遅れで配信している。

STEP 6

株価チャートの分析をマスターする

株価チャートを使ったテクニカル分析を利用すれば、利益を上げる確率がグンと高くなる。基本の読み方をマスターしよう。

一般的な分析法のローソク足を理解しよう

絶えず変動する株価が一目で分かる、株価チャートは取引をするうえで基本中の基本。これを利用して投資を判断する分析方法をテクニカル分析と呼ぶ。

株価チャートの基本はローソク足と呼ばれ、始値、終値、高値、安値を視覚的に表現する。ローソク足1本だけで1日の値動きがある程度把握できるスグレモノだ。

ローソク足の名称

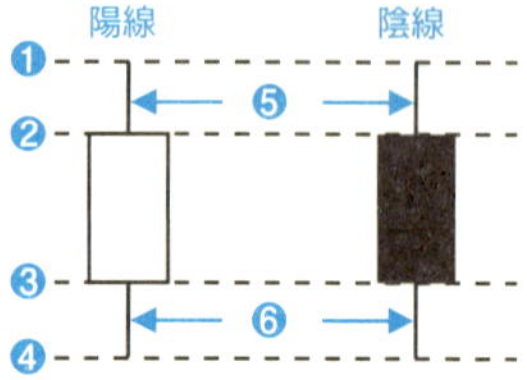

陽線……始値より終値が高いとき
陰線……始値より終値が安いとき

❶高値 ❷終値 ❸始値 ❹安値	❺上ヒゲ 長いほど売りが強い ❻下ヒゲ 長いほど買いが強い

チャート分析のメジャーな移動平均線を理解しよう

移動平均線は一定期間の株価の終値の平均を表した線のこと。ローソク足と並んでポピュラーな分析方法である。一定の期間の株価平均のため、日々の値動きよりも相場の方向性を捉えた分析で使う。ローソク足と合わせた分析としてトレンド・ラインがある。

移動平均線の読み方

平均値を算出して線を結ぶため、短期、中期、長期などの期間を移動平均線が示す。一般に使う日数は、日、週、月毎に分けられる。投資をする目安は、株価の傾向を掴みやすい5日移動平均線が多い。

作成方法は簡単。たとえば、5日移動平均線であれば、5日分の終値を合計して5で割ればいい。これを繰り返し行うと、株の売買のタイミングを掴めるのである。

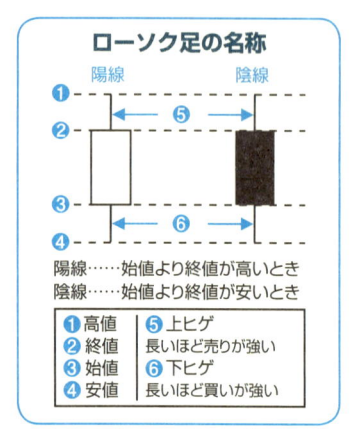

ローソク足で売買のタイミングをつかむ

●基本パターン

陽線	**太陽線**  非常に強力で株価が大きく値上がりした状態	**小陽線**  売買の勢いが拮抗した時に頻発する	**上影陽線**  株価がいったん上昇した後にも勢いが強い	**下影陽線**  ヒゲが長いほど高値圏を暗示する
陰線	**大陰線**  非常に強力で株価が一気に急落した状態	**小陰線** 売買の勢いが拮抗した時に頻発する	**上影陰線**  株価がいったん上昇した後、下落の勢いが強い	**下影陰線**  ヒゲが長いほど底値圏を暗示する

●応用パターン

はらみ線	つつみ線	切り込み線	たすき線
始値が前日の終値より高いが、始値の方が高い	始値が前日の終値より安く、終値が高い	始値が前日の終値より安く、終値はやや高い	始値が前日の終値と間で、終値が高い

移動平均線で売買のタイミングをつかむ

ゴールデンクロス
短期線が中・長期戦を上に突き抜ける。株価上昇の気配を意味する

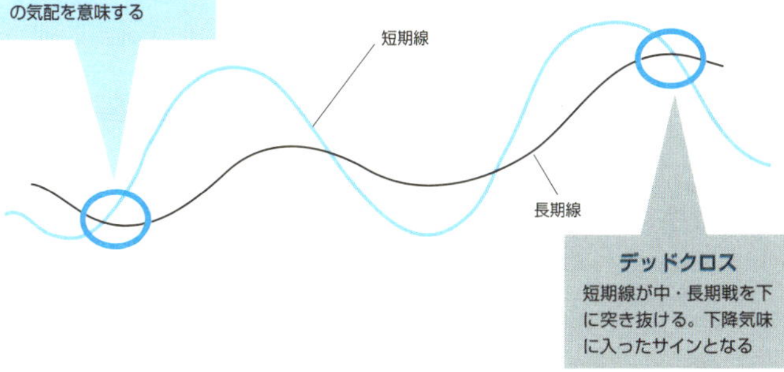

デッドクロス
短期線が中・長期戦を下に突き抜ける。下降気味に入ったサインとなる

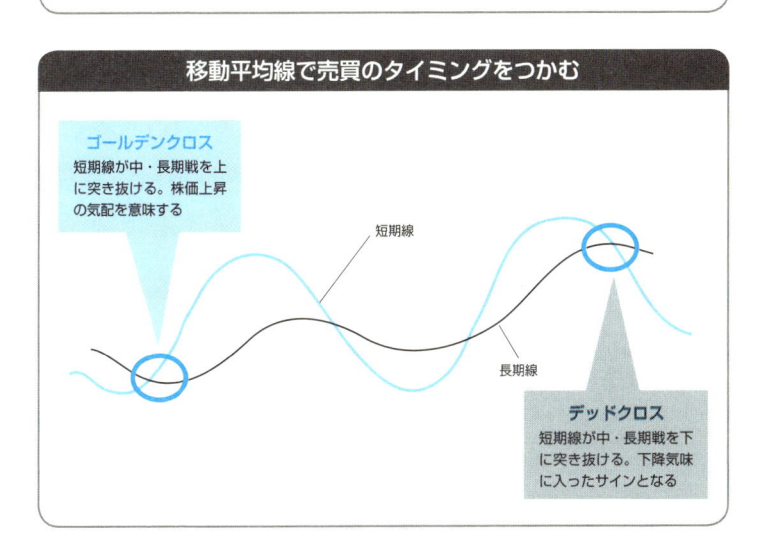

STEP 7 いざ実戦！　売買注文をしよう

口座を開設して投資する銘柄が決まると、いよいよ取引開始だ。株の売買注文に定められているルールを理解しよう。

株はいくらから注文できる？

株を買うには、1株から可能とは限らない。株の銘柄によって最低売買単位で決まっているためだ。多くの銘柄は100株、1,000株単位となっている。企業が決めた単位以下の株数での売買はできない。たとえば、株価が500円の銘柄でも、最低売買単位が100株だとすると、「500円×100株」で、最低5万円の投資金額が必要となる。

証券会社のさまざまな投資方法

●るいとう
毎月一定額ずつで希望の銘柄を買い続けるスタイル。銀行の積立て預金の感覚で株を購入できる。

●ミニ株
単元株の10分の1で売買できる。高額銘柄や優良銘柄に、少額資金で投資ができる。

●ポケ株
ミニ株をさらに使いやすくしたスタイル。5,000円〜5万円程度の資金で売買が可能。

売買注文には指標と成行きの2タイプ

株取引には、同じ銘柄に複数の売買注文が集中するため、注文には指標と成行きの2種類から指示しなければならない。指値は金額を指定する売買方法で、自分の希望額で株を購入する時に使う。一方、成行きの場合は金額を指定せず、確実に株を売買する時に使う。注文を出せば、ほとんどのケースで取引が成立する確率が高い。

初めて注文する際は、どちらの方法を選択するか悩みどころだ。成行きは予想以上の金額で取引されるケースもあるので、初心者は「買いは指値、売りは成行き」から始めるといいだろう。

指標のメリットとデメリット
ほぼ確実に約定できるが、予想以上の高値になることも

成行きのメリットとデメリット
希望の価格で売買できる反面、注文しても約定するとは限らない

取引成立は取引報告書で確認

株取引の売買が成立（約定）すると、2～3日後に証券会社から取引報告書が郵送される。取引報告書には、約定日、銘柄名、売り買いの別、株数、売買単価、精算（受け渡し日）、手数料（株式売買委託料）や消費税などが記載されている。自分が出した注文内容と取引報告書に間違いがないか必ず確認すること。もし間違っていた場合は、そのままにしておくと売買を承認したことになるので、すぐに証券会社に連絡するように。

手数料などを含んだ売買代金の精算は、取引が成立してから数えて4日目に行う。買いの場合は預けてある代金の差額、売りの場合は代金の受け取りとなる。

株を売るときはどうすればいい？

株取引は、保有する株の値段が上がった時に売却をしてはじめて利益を得ることができる。保有する株が高値を付けて売り時になったら証券会社に注文する。注文内容は、銘柄コード、銘柄、株数、注文方法（指値・成行き）、注文の有効期間を必ず伝える（買い注文も同じ）。複数の銘柄を保有している場合は、何の銘柄と何株かを正確に伝えることが必要である。有効期間は、「本日中」とか「今週中」のように指定する。大半の証券会社は、週末を区切りにして注文を受け付けているところが多い。

急に現金が必要になって株を売る場合は、精算日（4日目）を踏まえて計算しておくといいだろう。

売買代金の精算の流れ

売買成立
▼
取引報告書が届く
▼
精算
▼
取引残高報告書が届く

ネット取引で注意すること

●入力ミス
数量を間違えたり、売りと買いを逆に注文してしまうなど、入力の単純ミスに気をつけること。

●パソコン環境
パソコンの故障や証券会社のサーバー停止などの原因で注文が出せず、タイミングを逃す場合がある。

STEP 8

株にまつわる税金の知識を知る

株取引で成功し、大金を得ても喜んではいられない。株で得た利益には必ず税金がかかるのだ。対策をしっかり身につけよう。

最近の証券税制

証券税制は改正を何度も繰り返しているので非常に複雑。今後も変更になる可能性は大きい。取引先の証券会社のHP などで確認する必要がある。

現在の主な税制	●申告分離課税 07 年12 月末まで株を売却した場合は10%(所得税7%・住民税3%)がかかる。08 年1 月以降は20%(所得税15%・住民税5%)。

売却益で納める税金

株の売却損益（譲度益）は申告分離課税と呼ぶ。税率は10% で確定申告が必要。ただし、譲度益の合計が20 万円を超えなければ必要はない。

取得価格の計算方法	(単価×株数)+(委託手数料・消費税)=取得価格

配当金で納める税金

株主の自益権として企業から配分される、配当金にも税金はかかる。配当金の金額に関わらず、10% の源泉徴収のみ(08年3月31日までの特例)。

確定申告は否か	10%を源泉徴収されるが、確定申告は不要。ただし、所得の合計金額が 330 万円以上は申告した方が有利となる。

自分で確定申告する場合

特定口座（p62 参照）以外の口座の場合は、売却損益でかかる税金に対し、自分で確定申告をしなければならない。売却損益の算出方法は下図を参照。

売却損益の計算方法	売却価格－(取得価格+株式売買手数料+売却年の借入れ) =売却損益

第6章

三角合併に関するQ&A

三角合併用語集

●IR
インベスターリレーションズの略語。投資家に対して、株式公開企業・株式上場企業の経営内容や財務状況を正確に伝えることで投資を促す活動。

●M&A
企業合併（Mergers）や買収（Acquisitions）を行う経営方法。最近では、企業統合なども含めて広い意味で使われる。

●株式交換
被買収企業に対する対価として、現金ではなく自社の株を介して行われる手法。

●株式譲渡益課税
個人が株式の売買によって得た譲渡益に課される税金。

●キャピタルゲイン
土地、建物、有価証券などの資産価格の値段が上がることによって発生する利益。

●クラウンジュエル
敵対的買収に対する防衛策の1つ。買収の標的となった会社が、自社でもっとも魅力のある事業部門や子会社を第三者企業にあえて譲渡することで、自社の魅力を一時的に下げ、買収目的を消失させる。

●交付金合併
三角合併同様に被買収会社に対して、受け皿となる子会社の親会社が合併対価を支払う。その際、株ではなく現金で支払われる合併法。キャッシュアウトマージャーとも呼ばれる。

●時価総額
証券取引所で売買された株価の当日の終値に発行株式の数を掛けて算出された数値。株式市場の指標の1つとされている。

●純粋持株会社
持株会社のなかでも、株式所有によって他の会社を支配すること以外の事業を行っていない会社。

●ジョイント・ベンチャー
企業同士が技術交流やコストの削減のために共同で専門会社を作ること。共同企業体ともいわれる。

●TOB（株式公開買い付け）
買取株数と株価、買取期限を公告したうえで、不特定な複数の人から有価証券市場で直接株式の買い付けを行うこと。

●敵対的買収
被買収企業の取締役会の意向に反する形で買収を進め、合併・吸収すること。

●特別決議
株主総会に総議決権を持つ株主の過半数が出席し、出席した株主の３分の２以上の賛成により成立する決議。

●パススルー課税
構成員課税。組織が獲得した損益に対する課税が、当該法人や組織に対してではなく、その出資者に課されること。

●PER（株価収益指数）
株価を、企業の一株あたりの利益で割った数値。企業の収益性や将来の成長力から、株価が適正かどうかを判断する指標。

●PBR（株価純資産倍率）
株価を一株あたりの純資産で割った数値。

●ポイズンピル
敵対的買収に対する防衛策の1つ。既存の株主に対して市場より安価での新株予約権を発行し、買収者の議決権の割合を下げる。

●ホワイトナイト
別名白馬の騎士。敵対的買収の標的になった企業にとって友好的な買収や合併をする新たな第三者企業。

●持株会社
株式を所有することにより、国内の会社の事業活動を支配することを主たる事業とする会社。

Q1 三角合併ではどんなメリットがあるの？

A 新会社法が施行されることによって、三角合併が可能になるということとそのシステムは本編で理解していただけただろう。では、実際に誰がどのように得をするのだろうか。

その導入の理由に、アメリカからの強い要望があったからだと推測されるだけに、実質的な利点はそのほとんどが、合併を視野に入れる日本国外の企業とその子会社にとってのものだろう。買収する側の親会社は株によって交換が成立するため、合併資金として大金を準備する必要がなくなる。受け皿となるその子会社にとっても、そこで保有する株の比率が変わることなく合併が成立するというメリットがある。

ただし吸収される側の企業であっても、ベンチャー企業や非上場企業であれば、少なからず利点がある。外国企業の傘下に入ることにより、開発費用なども増え、その成長の速度も増すことになるからだ。

また、非上場企業にとって、株式上場は簡単なことではない。創業者にとっても、手もとに外国企業の株が残ることになるので、その現金化が容易になる。しかし、どちらの場合においても、合併成立後に元の会社の社員がその会社に残れるという保証はなく、この点では完全なメリットとはいいにくい。

ワンポイント！

合併対価の柔軟化による被買収問題が懸念されるものの、新会社法の施行には利点もある。有限会社がなくなる一方、自由度の高い合同会社が認められ、株式会社設立においては最低資本金制度が廃止、取締役・監査役の制限も緩くなったので、新会社の設立増加も予想される。

Q2 三角合併で何か問題が起きる？

A もちろん、日本国内の会社が今より簡単に外国企業に買収されてしまう、というのは明らかな問題だ。しかし、三角合併に関して懸念される問題点はこれだけではない。

まず第一に、合併比率に規制が設けられていないことが挙げられる。つまり消滅会社となる会社の株主に対して、合併対価として親会社の株がどの程度支払われるかという規制がないということだ。それによって、不公正な合併比率が起こり得る。また、税制上の問題も非常に大きい。今の税制では、買収される日本企業と外国企業の子会社が合併した時点で、その子会社も合併対価を受け取る消滅会社側の株主も、譲渡益に対して課税される。これは、消滅会社側の株主にとって、株式を交換しただけで課税されてしまうという可能性が出てくる。もちろんそれを避けるための課税猶予措置も考慮されてはいるが、日本企業同士での統合のときにはこれが適用されないのにも関わらず、外国企業との三角合併との場合に適用されるというのも議論の焦点に。さらには親会社の手続きや、消滅企業が有する許認可の承認手続きなど様々な局面での手続きなどにも不透明なことが多く、施行に向けて改善されるべき事柄がまだまだ残っているというのは否定できない。

ワンポイント！

この他にも、不透明なことはたくさんある。手もとに外国企業の株が残っても、その現金化の際の手順など手続き上の問題も多い。しかし、日本企業における三角合併は従来から可能だったので、相互関係という見方をすれば、三角合併は認められて然るべきものかもしれない。

Q3 三角合併の脅威って、実際にはどのくらい?

A 新会社法の施行は、確かに日本経済に様々な影響を及ぼすことが予想されている。その反面、三角合併だけの問題でいうならば、そこまでの実害がないのではないか、ともいわれている。

まず、本編でも書かれているように、合併が成立するには吸収される会社の3分の2の特別決議が必要とされる。これは、純粋に考えると、友好的な買収以外では成立しないということになる。ただし、外国にある親会社があらかじめ株式公開買い付け(TOB)によって経営権を取得していれば別の話だ。しかし、それだけの買収資金を保持している会社ならば、通常通りの敵対的買収だけで十分だということになる。結果として、税制などの問題も手伝い、実際に日本国内で盛んに三角合併により企業が吸収されるということもないのでは、という見解だ。

むしろ日本経済に大きく影響を及ぼすのは、敵対的買収や合併対価の柔軟化に伴い増加していくであろうM&Aである。

外国企業に吸収されることの防御策としても、日本国内でのM&Aが盛んになっていくと思われる。もちろん、企業合併は双方にメリットが発生することもあるが、どのみち各業界の再編や投資家に影響を及ぼす可能性は十分にあるはずだ。

ワンポイント!

実際にどの程度三角合併が実行されるかはともかく、それが可能になっただけでも、防御策に講じておくのは大前提だ。買収防御のためのM&Aの増加なども予想され、新会社法や三角合併解禁が日本経済に及ぼす影響は、決して少なくはないと考えられる。

第7章

付録
今後の合併予想
業界別企業データ

注目企業情報 医薬品業界

武田薬品工業株式会社

医療用医薬品売上で国内トップを誇る。海外への医薬品輸出など、日本国外との取り引き比率も高いのが特徴

06年の大幅な薬価切り下げにより、医薬品業界そのものは逆風に見舞われている。生活習慣病のジャンルにおいて複数の大型事業を有する強みを持つ武田薬品は、そんな環境下でも上手く立ち回っている。実際に、高血圧症治療剤ブロプレスや、糖尿病治療剤アクトスなどの薬品の国内売上げが大幅に増加している。それを受け、国内医療用医薬品売り上げ高は前年度比5.6パーセント増となり、薬価切り下げによる減収も上手くカバーする形となった。新薬の開発にも1600億円以上つぎこみ、今後も新薬創出力の回復に力をいれていく方針だ。業界全体の流れとしては大衆薬にも再編の動きが見られるが、武田薬品自体は海外市場への浸透など、海外事業拡大に重点をおいている。

企業データ

- 会社名　武田薬品工業株式会社
- 本　社　大阪府大阪市中央区道修町四丁目一番地一号
- 創　業　1781年6月12日
- 設　立　1925年1月29日
- 代表者　代表取締役社長 長谷川閑史
- 資本金　635億円
- 上場証券取引所
  東京、大阪、名古屋、福岡、札幌
  （証券コード：4502）
- 従業員数　7,112名(単体)、15,069名(連結)
- 株主総数　108,111名
- 事業内容
  医薬品、医薬部外品等の製造・販売・輸出入

株価の推移

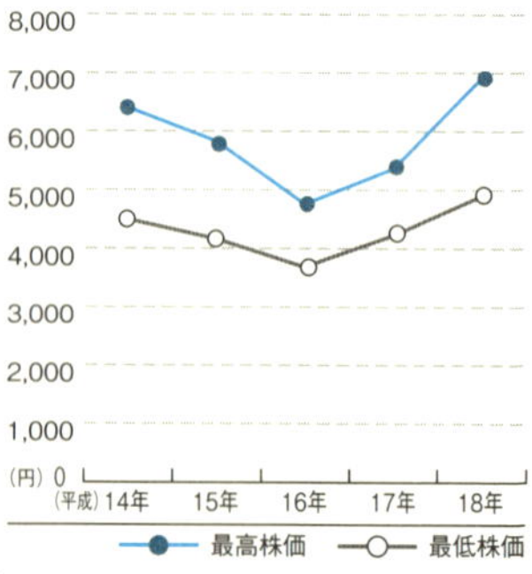

展望を一言！

まだまだ伸びしろ十分

注目企業情報 家電業界

三洋電気株式会社

05年から新ビジョンに基づく抜本的改革を推進中。地球と命が喜ぶグローバルソリューションを展開する方針

近年、家電業界では冷蔵庫、洗濯機を始めとする「白モノ家電」に大きな変化が見られる。油分カット機能を備えている電子レンジや、家庭用ドラム式洗濯機など、高額であっても高機能な白モノ家電の普及が進んでいる。三洋電機は、地球環境を考慮した開発の進め方に着眼し、今後も省エネ技術による冷熱機器の開発に重きをおいている。白モノ普及の流れにここで食い込んでいきたい。また、テレビ事業においても、企画・開発のための新会社を設立、液晶テレビの国内販売を開始した。その他、携帯電話を始めとするパーソナルモバイル機器の重点的強化など、生活密着型の商品に力を注いでいる。三洋電機の今後の業績は、この改革と事業戦略の成功が大きく関わってくることになる。

企業データ

■会社名　三洋電機株式会社
■本　社　大阪府守口市京阪本通二丁目五番五号
■創　業　1947年2月
■設　立　1950年4月
■代表者　代表取締役会長 野中ともよ
■資本金　322,242,319,083円
■上場証券取引所
東京、大阪(証券コード：6764)
■従業員数　14,137名(単体)、106,389名(連結)
■株主総数　282,176名
■事業内容
映像、医療管理システム、産業器機、他

株価の推移

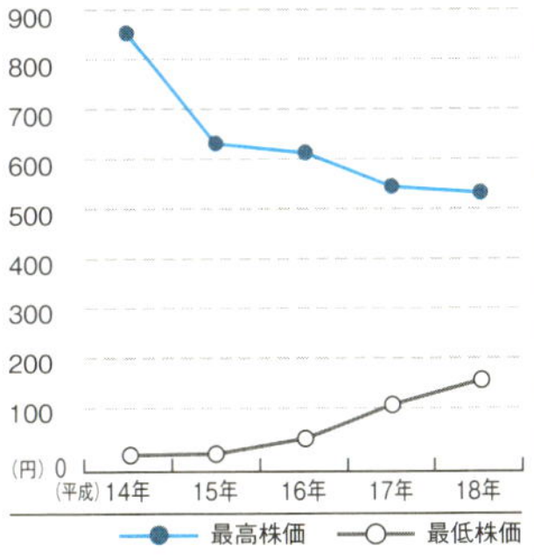

展望を一言！

体制の立て直しが肝

注目企業情報　鉄鋼業界

住友金属工業株式会社

生産規模の拡大にとらわれず、質を重視した企業価値の向上を目指す。それに向け、堅実な基盤作りを進めている

自動車業界向けの高級鋼が引き金となり、鉄鋼業界はこぞって経営利益の過去最高の水準を打ち出している。もちろん、その例にもれず住友金属工業の経営利益も前年度と比べ、大幅に増加した。しかし、高級品と一般凡用品の二極化は、鉄鋼市場の競争環境を今後も激しくしていく見通し。その影響に大きく左右されることがないよう、住友金属は今まで築いた事業基盤をより強固なものにしていく方向に動いている。もうひとつ注目しなければならないのは、粗鋼生産料で世界首位のミタル・スチールと、同2位のアルセロールの合併だろう。この巨大企業の誕生により、各社買収防衛策を打ち立てることとなった。住友金属も、新日鉄、神戸製鋼と株式の持ち合うなどの防衛策を講じている。

企業データ

■会社名　住友金属工業株式会社
■本　社　大阪府大阪市中央区
北浜四丁目五番三十三号 住友ビル
■設　立　1949年7月
■代表者　代表取締役社長 友野宏
■資本金　262,072,369,221円
■上場証券取引所
東京、大阪、名古屋、福岡、札幌
（証券コード：5405）
■従業員数　6,899名
■株主総数　291,605名
■事業内容
鉄鋼事業、エンジニアリング事業、エレクトロニクス事業、他

株価の推移

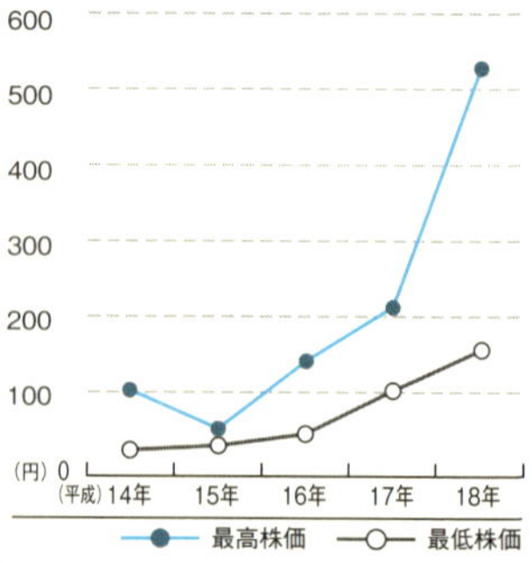

展望を一言！

このまま追い風に乗りたい

注目企業情報 小売り業界

イオン株式会社

企業の社会的責任の遂行を重要政策のひとつとして掲げる。世界レベルの品質で、地域性重視の店舗を展開していく

日本全体の景気にようやく回復の兆しが見られるものの、人口の減少などが大きく痛手となる小売り業界は、まだまだ先行きが不透明な深刻な状態が続く。加えて07年秋に施行される改正まちづくり三法へ向け、業界再編の動きが見られる。セブンアンドアイホールディングスに続き、イオンも持株会社への移行を検討しているようだ。イオンでは、インフラの活用を進めることで商品調達コストなどを抑え、価格や品揃えにおいて競争力の拡大を図っている。また、アパレル改革としてプライベートブランドの商品を自社のスーパーなどで展開し、企業のブランディング化を推進中だ。他にも新会社の設立で銀行業や輸入事業への参入を果たすなど、確実に業務の拡大を進めている。

企業データ

- 会社名　イオン株式会社
- 本　社　千葉県千葉市美浜区
中瀬一丁目五番地一
- 創　業　1758年
- 設　立　1926年9月
- 代表者　代表取締役社長 岡田元也
- 資本金　1,0179,8百万円
- 上場証券取引所　東京証券取引所
（証券コード：8267）
- 従業員数　76,481名
- 店 舗 数　381店舗
- 株主総数　81,172名
- 事業内容
総合小売業

株価の推移

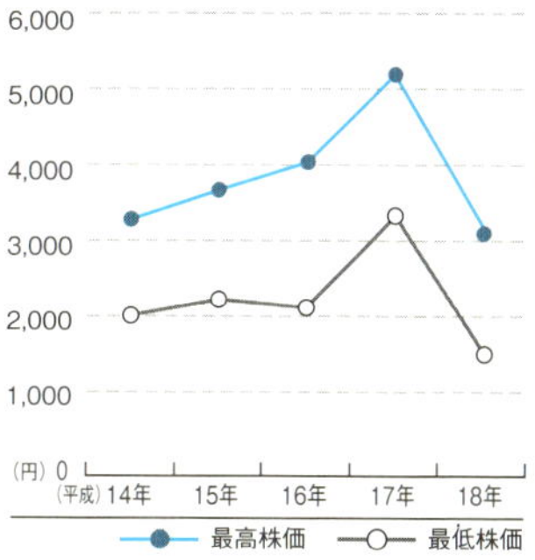

展望を一言！

今後、主役になる可能性も

新会社法から企業動向まで60分で誰でもわかる!

三角合併と業界再編

■ 監修者 **清丸恵三郎**

1950年、石川県生まれ。早稲田大学政治経済学部卒。元「プレジデント」編集長。プレジデント社取締役出版局長を経て歴思書院主宰。著書に「出版動乱」(東洋経済新報社)、「ブランド力」(PHP研究所)など。現在、富士常葉大学講師をつとめる。

■ 監修者 **佐藤孝幸**

1969年、神奈川県生まれ。早稲田大学政治経済学部卒。外資系銀行にて金融業務、米国大手会計事務所にて国際税務コンサルティング業務に従事した後、2002年に佐藤経営法律事務所を開設。東京弁護士会所属。著書に「ただいま授業中 会社法がよくわかる講座」(かんき出版)など。

2007年4月11日 初版第一刷発行
本書は2007年2月現在のデータを元に制作しました。

著　　者　三角合併ビジネス研究会
デザイン　it design space タカハシイチエ
イラスト　鈴木輝也
編　　集　OFFICE-SANGA
　　　　　山河宗太・はやかわ智・湯川彰浩
　　　　　大野晴之・坂本一葉・丸辺智紀
　　　　　OFFICE-SANGA HP　http://www.office-sanga.com/

発 行 者　木谷仁哉
発 行 所　株式会社 ブックマン社
　　　　　〒101-0065 千代田区西神田3-3-5
　　　　　TEL 03-3237-7777
　　　　　FAX 03-5226-9599
　　　　　ブックマン社HP　http://www.bookman.co.jp

印刷・製本 図書印刷株式会社
ISBN 978-4-89308-651-0